THREAD
AND
SELECTED NEW YORK POEMS

VASYL MAKHNO

Translated from the Ukrainian by Orest Popovych

MEB

MEETING EYES BINDERY
An imprint of Spuyten Duyvil
NYC

Library of Congress Cataloging-in-Publication Data

Makhno, Vasyl.
[Poems. English. Selections]
Thread and selected New York poems / Vasyl Makhno ; translated from the Ukrainian by Orest Popovych.
p. cm.
ISBN-13: 978-0-923389-79-6
ISBN-10: 0-923389-79-2
1. New York (N.Y.)--Poetry. I. Popovych, Orest. II. Title.
PG3949.23.A56A6 2009
811'.6080974711--dc22

2009013541

Зміст/Contents

A NOTE ON THE POETRY OF VASYL MAKHNO

America serves as the vessel that gives the poet shelter following his journey across the Atlantic. The younger Makhno from the time he lived in Ukraine shares strong similarities with the New York Makhno of today, particularly in terms of the complex metaphorical imagery and dense verbal texture of his poetry, as well as the nearly anarchic utilization of grammar in his works, with virtually no punctuation. No commas, no periods, no question marks, no exclamation marks – just an occasional capital letter. His deliberately elliptical approach to poetry suggests the absence of conscious beginnings and endings in his poems, which have just middles or stopping points in life's journey. The middle is where the poet gravitates – a place in resident exile between two worlds, somewhere between his homeland and New York, somewhere between two languages and cultures. Makhno makes use of only one punctuation mark in his poems: the pausing dash that serves to divide words, notions, and phrases – and serves to link them as well. Oftentimes the dashes manage to do both simultaneously, creating a syntax that is highly flexible, that can modulate meaning back and forth between words in a given line. His poems comprise fragments of thought, fragments of experience, fragments of time captured by a brooding wanderer groping to discover his new habitat. Readers will discern verbal pictures of cityscapes in these thirty-eight poems. And pictures they are, for a visual orientation is one of the hallmarks of Makhno's approach to his craft. To truly understand him, you must see the scene he sees or the dream he dreams through the eyes of his persona. Pure sound is relegated to secondary status in his poetics. In this collection he, like Lorca, is a poet in New York. For a Ukrainian reader the places have exotic names like Bryant Park, Astor Place, and the La MaMa Theater. These comprise the realia that Makhno observes in his new space and time. His poetry also captures a poet's personal vision of the multicultural cornucopia that is the essence of New York, from his depictions of the Hassidic presence in Brooklyn to his poetic jazz variations on African-American life. Makhno has great empathy for both groups since, just like the poet, they are exilic wanderers. The poet, too, seeks traces of his homeland in exile with the intentionally clichéd lines "a ukrainian poet must write rhymed poems". He doesn't, of course. Neither did many of his predecessors in exile from the Ukrainian New York Group of poets, to whom he dedicates a poem in the collection. Makhno's highly philosophical poetry in the collection is rife with a poet's solitary wanderings through the city, the way a fox – an image he often uses in the collection – forages for nourishment in winter.

Michael Naydan is Woskob Family Professor of Ukrainian Studies at The Pennsylvania State University.

About the Translations

Many critical voices, in several languages, have praised the poet Vasyl Makhno. But in the case of this book such praise is only half of the golden apple. Without an excellent or, more precisely, a fully adequate translator, the poet's name would be meaningless to most people, and a book of bad translations would distort his name.

Makhno is very lucky to have found an adequate English-language translator. Orest Popovych, although (or, perhaps, because) he is a scientist by profession, is able to capture not only the text but also the subtext of this poetry. Never attempting, as some poet-translators do, to outsing the original song, Popovych attentively listens not only to he words but also to the melody and spirit of these poems long before putting pen to paper. As a result, those who do not have the Ukrainian language, may rest assured that they get the kernel of these powerful texts, and those who do will delight in the translator's art.

Bohdan Rubchak, Professor-Emeritus, University of Illinois at Chicago, bilingual poet and literary critic

THREAD

Нитка

ниткою вовни проповзаєш
через маленьке
вушко голки
до цього життя

і одразу
втікаєш
від цього життя

нізвідки та – мабуть – в нікуди

так колись ти виповз
з утроби матері

м'язи її живота
вивергнули тебе
як вулкан магму
і ти одразу зіщулився
від холоду
і самотности

вушко щораз звужується

 – коротшає –
 – тоншає –
ця нитка

шукаєш ключ
щоби замкнути
за собою двері

від чого ти хочеш відгородитися

і прищемляєш нитку
життя

спочатку для того
щоби вирвати
молочного зуба

потім

щоби зав'язувати вузлики
бо можеш щось забути

потім вузликів не можливо
порахувати

вервиця
перетворюється на
грубі вузли втрат
і тоненька нитка вовни
стає канатом
і щораз менше сил її волочити
за собою

з яким уже
у вушко голки
ніяк не впхатися
як у наповнений вщерть
автобус

і залишаєшся на зупинці
сам

наступний автобус
як завжди запізнюється

Thread

like a woolen thread you slide
through the tiny
eye of a needle
into this life

and at once
you flee
from this life

from nowhere and – probably – to nowhere

that's how you once slid out
of mother's womb

the muscles of her abdomen
ejected you
the way a volcano discharges lava
and right away you shriveled up
from the cold
and loneliness

the eye of the needle is ever so narrowing

 – growing shorter –
 – thinner –
this thread

you search for the key
with which to lock
behind you the door

from whatever you want to fence yourself off

and you pinch the thread
of life

at first in order
to pull your milk-tooth

then
to tie little knots
so as not to forget things

later you lose count
of the little knots

rosary beads
transform into
thick knots of losses
and the thin woolen thread
becomes a rope
and every time there is less and less strength to pull it
behind you

with that rope
there is no way to pass through
the eye of the needle
like into a crammed
bus

and you are left at the bus stop
alone

the next bus
as always is late

Кожна річ має своє місце

Скрипка у зеленім оксамиті футляру
залежалась
Дерево її тіла геть струхло
а гострі кістки струн
покриті фосфором
і каніфоллю
розпрощались із музикою

але скрипка має своє місце

Лис у вологій норі
із лисицею
тихо нявкаючи
лижуть одне одному під хвостом

надходить весна

і вони мусять продовжити свій рід
не залежно від кількості мисливців
у їхній околиці

новонародженні
ще мокрі від породілля
лисенята матимуть своє місце

Музика

з'являється тільки внаслідок
спорадичних рухів смичка
її зойки свідчать

про оргазм
народження

а тривалість життя
музики
настільки миттєва
що це важко назвати
життям
яке не може бути доповнням музики

це можна порівняти зі спалахом блискавки

яка є грубими білими жилами
Божої руки

Лис
покусує лисицю

у її порожньому шлунку
кілька волохатих зерен шипшини

хтивий запах з-під її хвоста
і тримтяча мордочка

ті ж зойки
і нервовий струм сексуального бажання
викручує лисячими тілами
коли вони зливаються
у вогненний пропелер

а коли його сперма
зі швидкістю світла
заливає середину її живота

то нервові здригання
і конвульсії помалу затихають

Лис ще покусує
її хутро
і гострий слід від його зубів
заросте лише на початку літа

часу
коли молоді лисенята
– граючись –
зможуть
гризти зелені стебла рослин

Every Thing Has Its Place

A violin in a green velvet case
has long been idle
the wood of its body has rotted completely
and the sharp bones of its strings
covered with phosphorescence
and rosin
have bid farewell to music

but this violin does have its place

A fox in his damp lair
with his vixen
both yelping softly
lick under each other's tails

spring is coming

and they must propagate their kind
regardless of the number of hunters
in their area

newborn
still wet from their mother
the baby foxes will have their place

Music

appears only as a result
of sporadic movements of a bow
its shrieks attesting

to the orgasm
of birth

and the life of music
is so momentary in duration
that it is hard to call it
life
which cannot be a complement to music

it can be compared to a flash of lightning
like the thick white veins

of the hand of God

the fox
gently bites his mate

inside her empty stomach
are a few shaggy kernels of wild rose

the lascivious scent from under her tail
and her trembling little snout

those shrieks
and the nervous current of sexual desire
is twisting the foxes' bodies
as they merge
into a fiery propeller

and when his sperm
with the speed of light
floods the inside of her abdomen

then the nervous tremors
and convulsions slowly subside

the fox is still nibbling
at her fur
and the sharp marks of his teeth
will overgrow only at the onset of summer

at the time
when the young foxes
– playing –
will be able to
chew on the green stalks of plants

Ґертруда Стайн

останнім часом пишуться послання
  – країна в стані і Ґертруда в стайні –
одна – війни а друга – стала віршем
паризьким - з варіянтів й копій -
це все що нині при тобí і в тóбі
  – як сніг нью-йоркський – що часами тішить

останнім часом пишуться послання
  – поетам й рибам - як процес згасання -
листи складаєш поміж днів і файлів
з приміткою: *для давніх адресатів*
і клей – як цукор – язиком лизати
щоб склеїти ці віддалі – і дáлі

залишитись у місті що за музу
замурзаною шльондрою – і ружу –
Ґертруди Стайн побачити у парку
Париж згадати й молоду богему
і цим – мабуть – підхоплюючи тему
знакý не буде і не буде знáку

на голові підстриженій Ґертруди
котра завжди щось з текстами марудить
що схожа на покоївку і бабцю
з сварливістю і вічним бурмотінням
тепер у бронзі – в прохолодній тіні –
з бомжами що довкіл – мов папараці –

читає їм якусь незвичну прозу
один - поцупив у K-Mart'і возик –
уважно слуха – їй це до вподоби
Ґертруда в бронзі з ним веде розмову
немов буддист вшановує корову
і третє око розмина на лобі

і хрипло – про париж і про погоду –
їй залишив при постаменті воду
і трохи харчу в пластиковій баньці
заклав навушники – йому співа Joe Cocker
і розтирає задубілі руки
й вправляє перед нею *дикі танці*

Ґертруда мовчки все це дійство зносить
бо він під зірку звично собі косить
приємне товариство – навіть рада –
а бронзовий жилет –тяжкий – від нього мулько
вона б пустилась разом з ним у гульки
шурупи у сідниці на заваді

Gertrude Stein

messages written in recent times –
speak of the state of the country and the stable of Gertrude Stein
one – in a state of war – the other – a Parisian poem –
composed of variations and reflections
abiding with you and within you to this day
 – like the New York snow – that at times brings joy

messages written in recent times
 – are addressed to poets and to fish – as a process of obliteration –
the letters are stored in your days and files
with a memo: *for old addressees*
to lick the glue – like sugar – with your tongue
so as to paste the distances together -

and further remain in this city –
a foul tramp posing as a muse –
to savor Gertrude's rose in Bryant Park
to reminisce of Paris and its young "boheme"
who – probably – seizing upon her theme
of "generation lost" – will leave no mark

on the close-cropped head of Gertrude Stein
who with her texts constantly dawdles
looking both like a grandma and a maid
she seems to always grumble and to quarrel
now cast in bronze she lingers in the shade
with bums surrounding her like paparazzi

she reads to them words of uncommon prose
one bum – with a swiped K-Mart cart –
listens attentively – which she enjoys
Gertrude in bronze converses with him
the way a Buddhist would honor a cow
rubbing the third eye above his brow

and in a hoarse voice – about Paris and the weather –
at the pedestal he leaves her water
and some food in a plastic can
puts on his earphones – listens to Joe Cocker
rubbing the numbness off his hands
performs *wild dances* like a rocker

Gertrude endures all this in silence
as usual the bum pretends to be a star
she's even glad to have the pleasure of his presence
 – her bronze vest – heavy – presses hard
she'd like to join him in his dances now
if only that her buttocks were not bolted down

Weekend американської родини

щосуботи NN купує телефонну картку
переважно у найближчому Deli Grocery
власниками якого є бангладешці
і економить один долар

дорогою він заходить
до крамниці з алкоголем
і купує
півторалітрову пляшку Absolut'у
і витрачає двадцять доларів

щосуботи NN
випорожнивши майже літру

виконує ритуал
наче шлюбний танець птахів у пониззі ріки
яку він переплив на надутому пластиковому мішку
з боку Мексики – сім років тому –
а потім кілька місяців відсидів в американській
іміграційній тюрмі

він набирає
 – код країни – код міста – і число телефону –
він знає ці числа напам'ять
що в'їлися наче іржа

він міг би і не телефонувати
але це святе

поки він чекає на сполучення
його американська дружина
 – нелегалка і ревна християнка –
 – і не менш хтива самиця -
готує обід

нарешті чути гудки
з іншого життя

шлюбна дружина
 – котра випхала його за океан
а тепер спить час від часу
з сусідом

– дружина якого
також нелеґалить
в Італії –

увесь час скаржиться на
погане телефонне
сполучення

перекинувшись
про здоров'я
дітей
гроші

нічого не бажають
одне одному
і нічого не вимагають
одне від одного

за останніх два роки у їхніх
розмовах не має навіть натяку
на словесну еротичну гру
ну – якісь натяки –
якісь словесні знаки
знані – як правило – лише
їм двом

сухо:
про гроші
дітей
здоров'я

завершивши
розмову NN тупо дивиться
на жовту стіну
улюблений колір
домовласника

а його американська дружина
уже набирає числа телефону
щоби додзвонитись
до свого дому

як завше дає розпорядження
чоловікові

розпитує
про дітей і онуків

і тихо
  – щоби не чув NN –
виплачеться у сито слухавки
дочці

а потім вони
довго займаються сексом

гіп-гоп
за це вирване з м'ясом серце
за бажання жити по-людськи
і за життя
як вдасться

гіп гоп
за це добровільне тюремне ув'язнення;
за цей one-way ticket;
за ці зароблені гроші;
за ці вигиблі почуття;

за це
нікому не потрібне
жертвоприношення

гіп-гоп

гіп-гоп

гіп-гоп

The weekend of an "American Family"

every Saturday NN buys a phone card
usually at the nearest Deli Grocery
owned by people from Bangladesh
thus saving one dollar

on the way home he stops
by a liquor store
and buys
a one-and-a-half liter bottle of Absolut
thus spending twenty dollars

every Saturday NN
after guzzling down almost a liter of it

performs a ritual
like the mating dance of the birds along that river
where he had crossed over on an inflated plastic bag
from the Mexican side – seven years ago -
and then spent a few months in an American
detention center for immigrants

he dials
– the country code – the city code – and the phone number –
he knows these numbers by heart
they're etched in his memory like rust

he doesn't have to call
but this is something sacred

while he is waiting for the connection
his "American wife"
– an illegal alien and a devout Christian –
and no less a sexy female –
is preparing dinner

finally he can hear the phone ringing
from his other life

his wedded wife
– who had pushed him out beyond the ocean
and now sleeps from time to time
with a neighbor

– whose wife
also works illegally
in Italy –

is constantly complaining about
the poor telephone
connection
after bringing up briefly
health
children
money

they wish each other nothing
and demand of each other nothing

for the last two years in their
conversations there hasn't been even a hint
of any verbal erotic play
– no hints – no verbal signals
that – as a rule – would be known
only to the two of them

just dryly:
about money
children
health

having finished
the conversation NN stares absent-mindedly
at the yellow wall
the favorite color
of a homeowner

while his "American wife"
is already dialing
trying to reach her own home

as always she gives instructions
to her husband
inquires about the children and grandchildren

and quietly
– so that NN would not hear –
cries her heart out into the phone receiver

to her daughter

and then they
have sex for a long time

hip-hop

for the sake of the heart that was ripped out with the flesh
for the sake of the wish to live like a human being
and for the sake of life
whatever it might bring

hip-hop

for the sake of this voluntary imprisonment
for the sake of this one-way ticket
for the sake of the money earned
for all the feelings now extinct

for this sacrifice offered
to the benefit of no one

hip-hop

hip-hop

hip-hop

Автомобільна еротика

ця мандрівка країною твого тіла
насправді не потребує від мене
ані водійських прав
ані знання правил дорожнього руху
ані – зрештою – дотримання тих правил

я давно вивчив
що від двох пагорбів із голубими прожилками
сосків
сторожевих веж

можна з'їхати гнучкою лінією живота
аж до криниці пупця
а нижче – засушений плід розчавленої шовковиці
прилип
чорною жирною крапкою родимки

далі – шовковий гай

і довга дорога

якою потрібно їхати
туди і назад
туди і назад
туди і назад

інколи варто перемкнути швидкість

бо електричний струм наших рухів
може спопелити

наші тіла

які – і справді – колись стануть вугіллям
і масною чорною нафтою

Automotive erotica

this journey across the landscape of your body
really requires of me
no driver's license
nor any knowledge of the traffic rules
nor even the observance of those rules

I've learned long ago
 – from those two hillocks with blue-veined
nipples
from those guard towers

one can descend down the supple curve of your belly
all the way to the well of your navel
and lower still – a dried crushed mulberry
is stuck
as a black oily dot of a birthmark

and farther on – a silky grove

and a long road

that has to be traveled
to-and-fro
to-and-fro
to-and-fro

sometimes it pays to shift gears

because the electric current of our movements
can turn to ashes

our bodies

which – indeed – some day will turn to coal
and blackish oily crude

Читання віршів

Світлані

кохана - це вітмен бруклин обходить
листям трави - і його не обходять
ні ми – ні листя – ні вістан г'ю оден –
авта – бензин
старий новий рік чи китайські крамниці
лисиці у віршах – чи хутро з лисиці –
він сам є столиця – і ми є в столиці –
ми з ним

кохана – він мева що мерзне на пляжі
трава в нього з листям – і пальці у сажі -
він п'є забагато – погоджуюсь – лажа
і курить траву
і вірші у нього: галявини й луки
нью-йоркське сміття що найкраще для штуки
і янгол що мчить на новому "Suzuki"
просвічує тьму

кохана – старий він – ледь стримує кашель –
в благенькім пальті - з мискою каші –
і по́други: в нього приїзджі наташі
нічні мотилі
він ставши клієтом Salvation Army
в мангетенський берег вперся ногами
й штовхає Long Island – кажу це – між нами –
delete

кохана – він зрушить і острів – і нашу оселю –
столітню пекарню що належить єв剣
порядок у віршах – і згідно з статтею
і стать і статут
змете бородою цей бруд і цей бруклин
і з віршів стрясатиме звуки і букви
цей вітмен якого торкаються руки
петарда – салют

кохана – чому він шумить не травою а листям
сумнівне у нього завжди товариство
місцеві *зелені – голубі* активісти
злодії – шпана
учні єшиви що вивчили Hebrew
торговці цинамоном золотом сріблом
всі вдягнені в хутро – а хутро верлібром
весна – весна

Poetry Reading

To Svitlana

beloved – it's Whitman crisscrossing Brooklyn
with his *leaves of grass* – and he shows no concern
for us – or the leaves – or Wystan Hugh Auden
cars – gasoline
Chinese shops or old new year
foxes in verse – or fox fur
he himself is the capital – and we are in the capital
together with him

beloved – he's the sea gull freezing on the beach
his grass is with leaves – and soot covers his fingers
he drinks too much – I agree – rambling about
and smokes grass
and his verses are: forest clearings and meadows
New York garbage best suited for art
and an angel speeding on a new "Suzuki"
illuminates the dark

beloved – he's old – barely restraining his cough –
in a flimsy overcoat – with a bowl of kasha –
and his lady friends: out-of -town natashas
night butterflies
by now a customer of the Salvation Army
he leans with his feet against the shore of Manhattan
pushing Long Island – I say this – between us
delete

beloved – he'll jolt both the island and our dwelling
the century-old bakery owned by a Jew
the order in his verses – and the rules
of both gender and structure
with his beard he'll sweep away this filth and this Brooklyn
and from his verses will shake off sounds and letters
this Whitman touched by human hands
petard – salute

beloved – why is he the wind rushing not through grass but through leaves
dubious company that he always keeps
the local *green* and *gay* activists
thieves – hoodlums
yeshiva students who have mastered Hebrew
merchants who trade in cinnamon gold silver
all dressed in fur – and the fur – in vers libre
it's spring – it's spring

"Would You Stop Loving Her If You Knew She's A Lesbian?"

на кілька місяців Муза
покинула мене
заявила що бере відпустку
і пішла - ображена - швендяти Бродвеєм:
бо я не написав жодного вірша
навіть стебло рядка
не проросло на екрані комп'ютера

не писалося

три домашні музи (дружина і дві дочки)
продовжували мене тероризувати

дружина:
нагадувала мені про ранкові фізичні вправи
і обіцяну нову сукню від Ann Taylor
старша дочка:
канючила у мене нові кросовки фірми "Пума"
та laptop Apple Macintosh
і навіть молодша:
не хотіла розмовляти зі мною українською

минало літо

переповнені поїзди мчали до океану
дощило впереміш зі спекою

я вибрався на Бродвей у пошуках Музи

я вибрався на Бродвей у пошуках Музи
одна – офіціянтка в барі – наливала мені пиво
інша промчала повз мене на роликах
в міні-шортах

ще одну побачив на Сьомій вулиці
вона сиділа стиснувши колінами
картон з написом " Я бездомна і голодна.
Прошу кілька центів"

що ж
ці дівчата були куди симпатичніші

аніж ті напівоголені жінки
з порепаних фресок з пастушими дудками
при вустах

у натовпі
мене штовхнула випадково
дівчина невимовної краси
з лесбійським журналом в руках
Would you stop loving her if you know she's a lesbian?

"Would You Stop Loving Her If You Knew She's A Lesbian?"*

for a few months the Muse
abandoned me
declaring she's taking a leave of absence
and went – offended – strolling down Broadway:
because I had written no poetry
not even a single stalk of a line
sprouted on my computer screen

just wasn't in the mood

my three domestic Muses (my wife and two daughters)
continued to terrorize me

the wife:
kept reminding me about my morning physical exercises
and the promised new dress from Ann Taylor
elder daughter:
was wheedling out of me new "Puma" sneakers
and an Apple Macintosh laptop
and even the younger one:
refused to talk Ukrainian with me

summer was passing

overcrowded trains sped towards the ocean
the rains alternated with scorchers

I ventured to Broadway in search of a Muse
one of them – a barroom waitress – poured me beer
another flashed by me on roller skates
in hot pants

I saw one more on Seventh street
she sat squeezing between her knees
a cardboard sign "I'm homeless and hungry.
Please spare some change"

well

these girls were much more likeable
than those seminude women
from cracked frescoes with shepherd's flutes

at their lips

in a crowd
I was bumped accidentally
by a girl of unspeakable beauty

holding a lesbian magazine in her hands

"Would You Stop Loving Her If You Know She's A Lesbian?"

* *From an ad by the All Forney Center displayed in New York City subways*

Нью-Йоркська група

порожній East Village – заро́сла щока
Тарнавського – Бойчука й Рубчака
немає – Вони в 60-их
В каварні сидять попиваючи drink
забули про час і сидять отак рік
а може століття – Спитати?

але їх не викличеш з кнайпи сюди
бо їм там цікаво там пиво і дим
там перші дружини і треті коханки
вони розмовляють неначе брати
викликують Лорку – як їх тепер – ти
й чарують підпилу еспанку

ну знаєте – каже Богдан-і-Тиміш
(Ортеґа-і-Ґасет) – він каже сумніш
пора забиратись додому
бо чути повсюди оте *Не пора*
Вони усвідомлюють: чорна діра
їх може втягнути – й по всьому

посидьмо – відказує тихо Б. Б.
та хто там чекає удома тебе?
а тут хоч ці вірші й Антонич
зелений стримить у зеленім вікні
– мов ключ у замку – наче корок на дні
який хоч-не-хоч не потоне

куди це додому? – питає Ю. Т.
він в светрі червонім – як кактус – цвіте
не бачить він дому – пустеля
Еспанії без і наймення Мігель
що схоже на хрипи шахтарських легень
й католицькі шпилі костелів

отож порішили посидіти ще
трикутні трапеції гострих плечей
і повні бокали тріпочуть по стінах
Богдан-і-Тиміш і Ю. Т. і Б. Б.
мов змій триголовий вогнями сопе
а далі – Харибда і Сцила

під ранок вони – посварившись – мовчать
і пиво і сеча й дружини сичать
а далі ще старість по різних містах
усіх розведе – а при цьому столі
ще легко пропити образи старі
і марку приклеїти на листа

The New York Group*

an empty East Village – stubbles on the cheek
where are you Tarnawsky – Boychuk and Rubchak?
they're gone – back to the sixties where their hearts belong
in their favorite café sipping wine and beer
having lost track of time sitting there for a year
perhaps for century – dare one ask how long?

but from that hangout you can't call them back here
they prefer that place– with the smoke and the beer
where their first wives and third lovers they'd meet
that's where they can converse like brothers
reciting Lorca among others
and romance a tipsy señorita

well you know – says Bohdan-y-Tymish
(Ortega-y-Gasset) – as much as I wish
to stay here with you – it is time to go home
for the words *Now's Not the Time***are heard by us all
and we realize now that a deadly black hole
can pull us inside – and then all will be gone

let's stay longer – whispers B.B. in response
there is no one waiting for you at the house
here at least there's poetry and drink
and stuck in a green window is the green Antonych***
 – like a key in a lock – or a cork at the bottom – which
like it or not will float and not sink

asks Yuriy Tarnawsky – and go home to whom?
in his red sweater – like a cactus – in bloom
for him there is no home – only a wasteland
Without Spain and the name of Cervantes – Miguel
resembling the cough that coalminers' lungs expel
and the church spires of that Catholic land

and so they decided to stay even longer
triangular shadows of their pointed shoulders
and the full decanters dance all over the wall
Bohdan-y-Tymish and Yu. T. and Boychuk Bóhdan
who's puffing smoke and fire like a three-headed dragon
until – between Scylla and Charybdis they fall

by dawn all arguments dissolve into silence
only full bladders and the wives try their patience
soon with old age to different towns they'll scatter –
while the comfort this table still brings
is to drown the old insults in drinks
and to glue a postage stamp on a letter

The name of a group of Ukrainian-American writers who gained prominence in New York in the 1960's. This poem makes reference to tree of the poets of that group: Bohdan Boychuk, Bohdan Tymish Rubchak and Yuriy Tarnawsky.

** *Translation of the Ukrainian original Ne Pora, which is the title of a patriotic Ukrainian song based on the words of Ivan Franko*

***Bohdan Ihor Antonych (1909-1937), a Ukrainian poet, critic and publicist. The reference here is to a Collection of his poetry "The Green Gospel" (1938)*

Записник

переглядаючи свій старий записник
з подивом зустрів там випадкових людей
про існування яких забув:
з кимось знався ще в Україні
когось зустрів уже у Нью-Йорку,
декого в Европі
(не має значення):

перебігаючи сторінками
мов полохливий лис
увесь час думав
що:

декому я так ніколи й не зателефонував
(мабуть не мав часу і бажання)

декому ніколи не відписав
(привіти вистукую переважно e-mail'ом)

декого більше ніколи й не зустрічав
(бо – за теорією ймовірности – один випадок на тисячу,
а більше – мабуть – і не було ніякої в тому потреби)

перебігаючи лисом
спіткнувся об камінь кількох прізвищ
власників яких я уже ніколи не побачу
і не зустріну
і механічно викреслюючи
їх із записника

питав себе:
то чого ж ти такий захеканий?

Notebook

glancing through my old notebook
I was astounded to find there casual acquaintances
people I had forgotten existed:
some of them I knew back in Ukraine
others I met later in New York,
some in Europe
(it doesn't matter)

running through the pages
like a timid fox
I was thinking all the time
that:

some of them I never managed to phone
(probably found no time and desire)

to others I never replied in writing
(greetings I tap out mostly by e-mail)

some of them I never ran into again
(for – according to theory of probability – it was one chance in a thousand
or more – probably – and there was no need to)

running through it like a fox
I stumbled upon the rock of a few names
the owners of which I shall never again see
or encounter

and mechanically crossing
them off the notebook

I asked myself
then why are you gasping so?

Єгуда Аміхай

Герберт привів до мене Єгуду Аміхая якого я засушив як гербарій
і залишив під іменем кактуса *сабра* хоч Аміхай народився у Німеччині
а сабра це євреї народжені на Святій землі

Листок Аміхай довго пролежав у якомусь німецькому виданні про
сюрреалізм
і нарешті запах мені камінням Єрусалиму і я те каміння порозкладав у
віршах
як чорні мітки на білому полотні й вони поросли зеленим мохом у *Книзі
пагорбів та годин*

Санду Давід і Марґаліт Матітьягу оповідали мені про Аміхая
коли з Санду ми їхали до синагоги у Новому Саді
а з Марґаліт у ресторані готелю *Casino* умочали білий хліб у мед що стікав
по руках аж до ліктів

у Нью-Йорку на вечорі його пам'яті коли читали вірші
то кожному роздали копії тих віршів двома мовами – іврит і англійська –
й уся зала виспівувала звуки івриту так – наче кожен перед тим набрав
повен рот маслин у буфеті

того вечора була страшенна злива що годі було впіймати таксі
парасолі виривало з рук і вони літали разом із власниками в околицях *New
York University*
ні в кого було запитати де ж та вулиця де розташовано *Jewish Center*

одна студентка яку випадково зустрів на порожній вулиці
вказала мені на будівлю навколо якої я безпорадно кружляв півгодини
і коли ми розмовляли з її рук вирвало парасолю і я біг за тією парасолею бо
почував себе винним
а вона стояла під дощем усміхнена

Yehuda Amichai

Herbert brought to me Yehuda Amichai whom I preserved as a herbarium
and left under the name of *cactus sabra* though Amichai was born in Germany
while *sabra* is a Jew born in the Holy Land
the Amichai leaf lay for a long time in some German edition on surrealism
until finally I sensed from it the sweet scent of the stones of Jerusalem
and I placed those stones in my verses
like black markers on white linen and they
overgrew with green moss in The Book of Hills and Hours

Sandu David and Margalit Matitiahu told me stories about Amichai
when I rode with Sandu to the synagogue in Novi Sad
and when in the restaurant at the Casino Hotel Margalit and I
dunked white bread in honey which ran down our arms all the way to our elbows

in New York at an evening in his memory when his verses were read
everyone received copies of those verses in two languages – Hebrew and English
–
and the entire hall chanted the Hebrew sounds – as if
everyone had just stuffed his mouth full of olives at the buffet

that evening there was a downpour so horrendous that it was impossible to get a
cab
umbrellas were ripped out of hands and they flew together
with their owners in the vicinity of New York University
there was no one to ask directions to that street where the Jewish Center is
located

one coed whom I happened to run into on the empty street
pointed to a building around which I circled hopelessly for a half hour
and while we were talking her umbrella
was torn out of her hands and I chased after that umbrella because I felt guilty
about it
and she just stood there in the rain and smiled

Пес

цей вітер що приходить до мене псом
з трьома синіми очима

несе наді мною кількох випадкових чайок
що скиглять когось оплакуючи
сухий пісок що прилип до мокрої шерсти
пляжне сміття
в обкладинках кольорових журналів

а прикинувшись псом
ранить свої лапи об кістки мертвої риби
ну і замшілий зелений берег піску
перешитий висохлими стеблами
водоростей
взагалі тут ні до чого

допався до залишеної торбинки з харчами
гарчить і рве поліетілен

але у нього немає господаря
тому ніхто не кричить на нього
і не смикає вуздечку його нашийника

пес світить мені здалеку
трьома синіми очима
як приятель запальничкою
язик вогню якої обпікає йому пальці
(бо вітряно)
але – як справжній приятель – він хоче-таки
припалити мені сиґарету

і цього дня – біля океану – вітряно
і я бачу як одне око у пса сльозиться
і змінює колір
а за його правим вухом монотоно спалахує
світло маяка

то мій приятель хоче припалити мені сиґарету
і подає якийсь знак

The Dog

this wind that comes to me as a dog
with three blue eyes

carries above me by chance a few sea gulls
that shriek bewailing someone
dry sand stuck to the dog's wet hair
beach garbage
wrapped in colored magazine covers

while posing as a dog
he injures his paws on the bones of dead fish
and the moss-covered green sandy shore
stitched through with dried stalks
of algae
seems altogether irrelevant here

grabbing an abandoned bag with food
he growls and tears the polyethylene

but he has no master
therefore no one yells at him
nor yanks at the leash of his collar

the dog shines at me from afar
with his three blue eyes
like a friend with a cigarette lighter
the flame of which singes his fingers
(because it's windy out)
but – as a true friend – he wants nevertheless
to light my cigarette

and on this day – by the ocean – it is windy
and I see how one of the dog's eyes is watering
and changing color
while behind his right ear flares up monotonously
the light from a lighthouse

it is my friend who wants to light my cigarette
and is sending some kind of a signal

Америка

ця країна чужа – вона корабель між двох океанів
до правого борту прилипла рослина нью-йорк
мушлі нової англії – молитви хасидські і торг
фалос флориди в теплі карибських жінок
з їх жагою еротики – зляганням з котримось із хуанів
рваними ритмами танцю при тому зляганні
переплетенням тіл що сплелись на замóк

з лівого борту корабля що говорить еспанською
можна побачити мексиканців – заблудлих у часі риб –
прикордонники їх не ловлять бо навіть легенький ритм
капелюхів широких і спідниць що хитають вітри
у музиці кактуса – під стародавньою маскою –
сховані в історію – і християнською Пасхою
відмірюють цикли сонця і знають усіх святих

в якомусь із барів нью-йорку – мистецькій норі –
можна почути вірші та знати що цей вавилон
зібравши блукальців світу – множачи їх число –
племен і народів насіння яких поросло
у вічках сітей – у повітрі – і буйвола ріг
проколює сни україни бо саме на бік приліг
і з вуха його парує різдвяне тепло

найкраще місце на тім кораблі зимовий Cornelia bar
в розмовах про екзистенцію – модні романи – сильвію плат
шукаючи співвітчизників між вітражами з грубого скла
потрапляєш у задзеркалля – і чуєш: *good luck*
хтось комусь каже – і наша спільна плавба
нікого тут не цікавить і віра твоя слаба
і ми дочитаємо вірші про буйвола і про вола

публіка з вулиці входить у цей ноїв ковчег
щоби замовити пиво або французьке вино
бігають офіціянтки – перевертаючи догори дном
настояний запах повітря – і поглядом у вікно
підкреслюєш неприсутніть, яку пролітаючи чех
над гніздом зозулиним – поранив своє плече
і став пацієнтом закладу з відхиленнями від норм

ти також відсуваєш подалі попільницю – нема
більше часу щоб знову пірнути в розмови про те
що робити з життям у нью-йорку – і бармен що цвіте
цибулиною посмішкою також у полоні тем
про футбол і про акції – і те що холодна зима
і те що чекає відпустки і кожен його змах
нагадує птаха в неволі – а може й ні се ні те

ти погоджуєшся що ці холоди тривають довго
що в європі також – хоча не ймеш йому віри –
починає читати американський лірик
і вірші його зішиті нитками – і світяться діри
але поруч плещуть – і він королем сого
почував себе – хоч нічого з того
не випливає – хіба: тип позбавлений почуття міри

або відчуття сенсу перебування на цьому сеансі
сектантів поезії – лірників із найглибших нью-йоркських кутів
і може мелодія світла літака яким прилетів
розріджений кисень повітря – як кільця юпітерів золоті –
кишать сигаретним димом – і до наркотиків ласі
дівчата що дозрівають – у випускному класі
клянуть цей світ і життя тому що ще молоді

America

this country is strange – it's a ship between two oceans
to its starboard adheres vegetation called New York
New England shellfish – Hasidic prayers and trade
Florida's phallus in the heat of Caribbean women
with their passion for erotica – sex with one of the Juans
to the broken dance rhythms of their coitus
with intertwining bodies locked into one

from the port side which speaks Spanish
one can see Mexicans – like fish lost in time –
border guards don't apprehend them for even the gentle rhythms
of their sombreros and skirts swaying in the wind
to the music of cacti – beneath an ancient mask –
are hidden in history – and using the Christian Easter
they mark off solar cycles and worship all the saints

in one of the bars in New York – an artistic den –
you can listen to poetry and know that this Babylon
having gathered the world's wanderers – multiplying their number –
of tribes and peoples whose seed had sprouted
in the mesh of nets – in the air – and a buffalo's horn
is piercing the dreams of Ukraine for just now he has reclined on his side
and from his ear radiates the warmth of Christmas

the best place on this ship is the Cornelia bar in winter
in conversations about existence – popular novels – Sylvia Plath
searching for your countrymen between thick stained-glass windows
you find yourself in the depth of the mirrors – and hear: *good luck*
that someone wishes to someone else – and our sailing together
is of no interest to anyone here and your confidence is waning
and we finish reading the verses about the buffalo and the ox

the public from the street enters this Noah's ark
to order beer and French wine
waitresses run around – turning upside down
the stagnant odor of the air – and by glancing in the window
you betray your absent-mindedness like the Czech who
flew over the cuckoo's nest – injuring his shoulder
and wound up a patient in a mental institution

you also push away the ashtray – there is no
more time to delve again into conversations on
what to do about life in New York – and the barman whose smile
blooms like an onion is also captivated by the subjects
of football and stocks – and that the winter is cold
and that he's awaiting his vacation and every one of his movements
resembles that of a bird in captivity – and perhaps neither

you agree that the cold spell has been long
in Europe too – although you don't believe him –
an American lyrical poet starts reading
and his verses are sewn together with threads – and full of holes
but all around people are applauding – and he feels like the
king of Soho – although it proves nothing
 – except that: this character is devoid of a sense of proportion

or of what it means to be at this gathering
of devotees of poetry – lyrists from the deepest corners of New York
and maybe the melody of the light from the plane that brought
the rarified oxygen in the air – like the golden rings of spotlights
seething in cigarette smoke – and eager to try narcotics
maturing girls – from a graduating class
curse this world and life because they are still young

Chinatown

Рибна крамниця

вони ґелґотять як пекінські гуси
ну от Пекінська опера задурно

коли вибирають у рибній крамниці
заморожену чи свіжу рибу

рибу китайці купують щодень

продавці у гумових чоботях
 – наче сірі чаплі –
витирають в засмальцовані білі фартухи
змащені риб'ячим жиром руки

ґелґотять і сміються

риба засипана льодом
і порубана сокирою на різні частини
мертвими очима присвічує китайським продавцям
і китайським покупцям
замість традиційних ліхтариків

морські звізди – кальмари – краби
елементи інкрустації
серед синіх айсбергів штучного льоду

запах у крамниці такий
що вагітні поспішно залишають її
нічого не купивши

а китаянки вагітні практично
завжди

Chinatown

Fish Store

they cackle like Peking geese
there's the Peking opera for free

when in a fish store they pick
frozen or fresh fish

fish the Chinese buy every day

merchants in rubber boots
 – like gray herons –
wipe off with dirty white aprons
their hands smeared with fish oil

they cackle and they laugh

the fish covered with ice
and chopped with an ax into different parts
are lighting the way for the Chinese merchants
and Chinese customers with their dead eyes
replacing the traditional lanterns

starfish – squid – crabs
crustaceans
amidst the blue icebergs of artificial ice

the smell in the store is such
that pregnant women hurriedly leave it
having bought nothing

and Chinese women are pregnant practically
all the time

Пекінська опера

в Пекінській опері актори
посаджені білими лотосами на рівнинних
полях сцени

або вишикувані тисячним військом
раннього періоду якоїсь династії
котра ще не занепала

або червоною лінією імпресіоністичного мазка
що позначає рухливе тіло дракона

або співом птахів у понизі ріки
яка закутана прозорим шовком
теплого вранішнього туману

кілька молодих китайців перекидуючись
англійською

курять привезені контрабандою
дешеві сиґарети з Китаю

біля плакату який рекламує
гастролі Пекінської опери

і домовляються
мобільним телефоном з по́дружками
який сьогодні відвідати
танцювальний клуб

а китайська акторка Пекінської опери
відмахується віялом
від їхнього диму

мабуть вимахується

Peking Opera

in a Peking opera the actors
are placed like white lotuses on the planar
fields of the stage

or arrayed as thousands of troops
of an early period of some dynasty
not yet in decline
or as a red line of impressionistic strokes
that mark the lively body of a dragon

or as the song of birds along the river
wrapped in the translucent silk
of a warm morning mist

a few young Chinese exchange words
in English

smoking bootlegged
cheap cigarettes from China

by the poster advertising
guest appearances of the Peking opera

and using a cell phone
make a date with girlfriends
agreeing on the dance club
they'll go to tonight

and the Chinese actress of the Peking opera
is waving away with her fan
their smoke

probably just to show off

Бідні китайці

зранку китайські жінки
після ранкової гімнастики
яка вимагає концентрації не тільки тіла а що – важливіше –
духа

сповнені цитат конфуція і що – зовсім не довіри – мао

відправляються у великий похід
 – довший за велику китайську стіну –
і тяжчий за виснажливі воєнні походи
описані Ду Фу

похід у пошуку металевих банок
за кожну таку автомат випльовує 5 центів

жінки які звикли мокнути у болоті рисових полів
стійко переносять неприємний запах
банок з-під пива і кока-коли
які можна відшукати завжди у великих пластикових смітярках
стоїчности їм додає конфунцій
пережиті часи культурної революції
і природня китайська завзятість

часами вулицями сунуть великі пластикові мішки
зав'язані на передпліччі
так само як на акварелях
коли нахилена – над рисовим зелом
з сапою – жінка
тримає на спині у полотняному
мішку дитину

вони – ці китайські бджоли –
що злетілися з усього світу
пити
мед нью-йоркського повітря
перенасиченого бензином і смородом
ресторанних помиїв

вичищувати його своїми невтомними
крилами які гудуть пропелерами
ці маленькі дракончики

китайської мітології що тріпотять біля океану
коли подуває сильний вітер

– торохтять металеві банки у мішках –
– сипляться п'ятицентові монети –
– миготять китайські бджоли –
зі звуженими очима
і шкірою – як пальці ювеліра –

добре що у них був конфуцій

сковорода нас цього не навчив

The Chinese Poor

in the morning Chinese women
following their exercises
which demand concentration not only of the body but – more importantly –
of the spirit

filled with quotations of Confucius and – quite unbelievably – Mao

set out for a long march
 – longer than the big Chinese wall –
and harder than the exhausting war marches
described by Du Fu

the march in search of tin cans
for each of which an automaton spits out 5 cents

women used to wading in the mud of rice paddies
steadfastly endure the unpleasant odors
of beer and Coca-Cola cans
which can always be found in large plastic trash bags

the stoicism they get from Confucius
from having survived the cultural revolution
and from their natural Chinese persistence

sometimes the large plastic bags move slowly down the street
tied to forearms
same way as on those watercolors
where bent over rice plants
with a hoe – a woman
carries on her back a child
in a linen sack

they – these Chinese bees
that flew together from all over the world
to drink

the honey of New York air
supersaturated with gasoline and the stench
of restaurant slop

to purify that air with their tireless
wings humming like propellers

these tiny little dragons
of Chinese mythology that flutter by the ocean
whenever a strong wind is blowing

– metal cans are ratting in the bags –
– nickels are pouring –
– Chinese bees are shimmering –

slant-eyed
and with skin – like a jeweler's fingers –

they're lucky to have had Confucius
Skovoroda* never taught us that

*Hryhorii Skovoroda (1722-1794) was a Ukrainian philosopher

Петрові Морозу

український поет

мусить писати римовані вірші
пішли ви....

тягти на собі черепашу ношу викривленої історії
хвороби з підозрою на алкоголізм

хоч
можна о 12-й вночі вповзти у мушлю майстерні
приятеля і пити з ним до ранку закусуючи запахом свіжої олійної фарби і
тирси підрамників
забувши зателефонувати дружині, так, про всяк випадок....

зранку стовбичити біля магазину разом із воронням яке чорними ґудзиками
пришите до пальта снігу
і як дадаїст вправлятися з коренями слів доходячи до повного абсурду
 – алкоголь продають з 11-тої –

знати що естетика трикутних кіл і еліптичних квадратів замкнеться у
чорному квадраті
 – а в очах чорніє насправді –

читати спеціальну літературу про алкоголізм – і дивуватись скільком із
наших не пощастило

згадати що шевченко також був...
і півгодини бути щасливим від порівняння

не згадуючи:
бодлера – квітникаря
верлена – рембо – паризьких богемників
еліота – банкіра ялової землі
павнда – радіокоментатора і психа (на переконання американських
військових)

на ріках вавилонських уже нічого не висидиш
 – бо ти не квочка –

на берегах сени: 14 тисяч художників намалюють аби продати
джоконду: голу чи з бородою – байдуже
аби не впізнав її да вінчі *– він не знав про copyright –*

на межиріччі гудзону та іст-рівер – *поетом у нью-йорку* – голубом небесним

знаєш з останніх вістей що 138 тисяч наркоманів тричі на день займаються
голкотерапією–
а гомосексуалісти і лесбійки – брати і сестри милосердя – любов'ю до
ближнього

а гебреї чекають на месію

що ж залишається:
несплачені борги

виклик до суду
квиток до белграда

– ручка – папір
– засохле чорнило – чорна кров комп'ютера –

і ця наркотична залежність: записувати слова
– коли морфологія схожа до морфію –

чи не боїшся передозувати?

– питають –

бо кохаються у мистецтві одноразових шприців
із засохлою людською кров'ю

a ukrainian poet

must rhyme his verses
why don't you go and...

must wear the tortoise's garment of a warped history

of illness suspected of alcoholism

although
he can at 12 midnight crawl into the shell of a friend's
studio and drink with him till morning snacking
on the smells of fresh oil paint and the sawdust of subframes
having forgotten to phone his wife, so, just in case...

in the morning hang outside a store together with a flock of crows – like black
buttons sown on the overcoat of snow
and like a dadaist play with the roots of words reaching complete absurdity
– alcohol they start selling at 11 –

know that the esthetics of triangular circles and elliptic squares will close in a
black square
– while before his eyes the blackness is real –

read specialized literature on alcoholism
- and wonder how many of our people had failed
recall that shevchenko was also one...
and for a half hour rejoice from this comparison

without mentioning:
baudelaire – the florist
verlaine –rimbaud – parisian bohemians
eliot – the banker of wasteland
pound – radio commentator and psycho
(according to american military)

no use sitting now on the river banks of babylon
– because you're not a hen –

on the banks of the seine: 14 thousand artists will paint in order to sell
la gioconda: naked or with a beard – no matter

if da vinci would recognize her – *he didn't know about copyright*

between hudson and east river – you can be a *poet in new york* – a heavenly dove

you know from the latest news that 138 thousand
drug addicts thrice a day practice needle therapy
while the homosexuals and lesbians – brothers and sisters of mercy –
practice love of their fellow man

and religious jews await their messiah

what is left then:
unpaid debts

court summons
ticket to belgrade

– pen – paper
– dry ink – the black blood of a computer –

and this addiction: to record the words
– when the morphology resembles morphine –

you're not afraid of overdosing?

– they ask –

for they love the art of disposable syringes
covered with dried human blood

La Mama

Ля Мамо –
оф бродвейська шльодро
 – сестро акторів –
 – мачухо режисерів –
 – повіє з околиць площі святого Марка –

На червоній цеглі твого тіла твої глядачі
залишюють графіті – наче записи у книзі відвідувачів –
складніші за китайські гієрогліфи
і простіші за найпростіші вірші

стравоходом коридорів ведеш
щоби зварити нас у шлунку
щоби Йонами в киті ми були –
 – канторами гротовськими та сербанами –
гучними бурятськими бубнами
які розмовляють тільки російською

Від якогось часу ти мовчиш Ля Мамо
Свіжопофарбовані стіни та рипучі дерев'яні сходи
кажуть більше – аніж твої актори –
що поначіпляли маски
і зашили білими нитками свої вуста
Зв'язані по руках і ногах
стають лебедями
що пливуть із розсіяного світлого пилу кінопроєктора
на біле полотно і забілюють його – як молоко каву –
й усе стає білим

і уже невідомо чи то полотно таке біле
чи то лебеді такі білі
чи то вже надійшла зима – чи то тільки надходить –
чи то вичавлена фарба з тюбика –
чи то білі нитки якими позашивали вуста актори
яких позашивали у білі кокони
чи колись вони випурхнуть метеликами?

Ля Мамо – молода вовчице з червоними сосками
поміж волохатої та м'якої шерсти
пахнеш свіжим молоком породілля
срібні краплі якого
нікого не наситять

потягуєшся
і кожного ранку лижеш
своїх вовченят
які приліпились до сосків
і курять легкі наркотики
бо хліб повітря в околиці
 – посипаний індійськими прянощами –
їдкий запах яких
притягує місцевих дзен-буддистів
тибетських монахів
і пацифістів

А театрали
п'ють твоє вовче молоко
вкутуються твоєю хижацькою шерстю
і шкребуть твоїми кігтями
по шклі

і не вкурюють
ані свого місця на кону

ані того що вони і є тими вовченятами
яких ти зачала
після третього дзвінка

La Mama

La Mama – you
off-Broadway tramp
 – sister of actors –
 – stepmother of directors –
 – whore from the neighborhood of St. Mark's Place –

On the red bricks of your body the audiences
leave graffiti – like entries in a visitors' book
more complex than Chinese hieroglyphs
and simpler than the simplest verse

through the esophagus of your corridors you lead
us to be cooked in your stomach
to make us the Jonahs inside the whale
 – Kantors Grotowskis and Serbans –
loud Buriat drums
which talk only Russian

For some time now you've been silent La Mama
the freshly painted walls and creaky wooden stairs
say more – than your actors –
who put on masks
and have sewn shut their lips with white thread
with bound hands and feet
they turn into swans
that swim from the scattered bright dust of the movie projector
on to a white cloth and whiten it – as milk whitens coffee –
and everything become white

and by now you can't tell if it's the cloth that is so white
or if the swans are so white
or if the winter is already here – or just drawing near –
is it the paint squeezed out of a tube –
or those white threads with which the actors sewed up their lips
into white cocoons
will they ever flutter out as butterflies?

La Mama – you're a young she-wolf with red nipples
amidst your shaggy and soft hair
you smell of the fresh milk of childbirth
the silvery drops of which
will not fill anyone

you stretch
and every morning you lick
your cubs
who cling to your nipples
and smoke light dope
for the food in the air of that neighborhood
 – is sprinkled with Indian spices –
the pungent aroma of which
attracts local Zen Buddhists
Tibetan monks
and pacifists

and theater lovers
drink your wolf's milk
wrap themselves in your predator's fur
and scrape with your claws
on glass

and are not aware
of either their place on this stage

or that they are those wolf cubs
you conceived
after the third bell

Порт

в порту розвантажують рибу з китаю
запах солоний повітря тонке виїдає
спека висить – наче дим сигаретний – і коле
листя легенів – й листки тютюну доокола

торси засмаглих людей – що живуть наче риба
з моря живуть – як поезія з рими –
хаос в гармонії: викриках – скреготі – поті
в цих кораблях – бруді – роботі

в кожного слово – як лорки розбита гітара
світиться серце – як гасова лампа пивбару
піниться пиво і кров закипає у жилах
дурять дівчат що удома чекають дружини

в череві цім – у посудині сну і вологи
в цьому порту де приймуть передчасні пологи
й діти народжені – знову самотні й прозорі
серед китів в океані й дельфінів у морі

серед сміття що замокло минулого тижня
цвіту що губить японська вишня
слів що лежать – мов мужчини на пляжі –
й тчуть се життя із повітря та пряжі

тут контрабанда – повії як заспані сови
і моряків чужоземних зграї та сонми
гупають в двері – скиглять – і фрази лайливі
діти збирають із мушлями в цьому заливі

мушлі дівчат припливають із сіл що довкола
гроші і досвід чіпкі наче школа
раннього бруду – і п'яного сну у пивбарі
і шепотіння – і зойку – і видиху пари

порт що приймає як жінка десяток мужчин
немов кораблі що вернуться з нічим
що ховає у пазусі складів і митниць шуму
звуків і злочинів запінену муть

чує спів – ні – поранену пісню кита
і дельфіна сурму: бо горлянка його золота
й свого сина зачатого в бруді пивниць
зойки спілих дівчат і розхитані рухи сідниць

The Port

in the port they unload fish from China
salty stench eats into thin air
heat is hanging over – like cigarette smoke – and stinging
the leaves of lungs – and the tobacco leaves all around

torsos of suntanned people – who live like fish
from the sea they live – as poetry lives from rhyme –
there's chaos in harmony: in the shouts – gnashing – sweat
on these ships – in the dirt – and toil

everyone's word sounds like Lorca's shattered guitar
the heart is shining – like petroleum lamps in a beer hall
the beer is foaming and blood is boiling in the veins
they fool the girls that wives await them back home

in this belly – this vessel of slumber and dampness
in this port where premature births are the rule
and the children born here – are again alone and transparent
among whales in the ocean and dolphins in the sea

amidst the garbage soaking wet since last week
amidst the blossoms shed by a Japanese cherry
amidst the words that lie – like men on the beach -
and weave together this life from the air and yarn

here there's contraband – whores like drowsy owls
gangs and throngs of foreign sailors
pounding on doors – screaming – and the curse phrases
that children pick up with the shells in this bay

girls like shells come here by boat from neighboring villages
money and experience are catching as the school
of early morning filth – and of the drunken sleep in a bar
and of the whispers – and moans – and the steamy breath

the port that accepts like a woman ten men
like the ships that return with nothing
hiding in its bosom of warehouses and custom houses the froth
of sounds and the foaming muddy waters of crime

the port hears singing – no – the wounded song of a whale
and a dolphin's trumpet: for his throat is made of gold
the port hears its son conceived in the filth of the cellars
the moans of ripe girls and the swaying movement of buttocks

Про політ янгола та чорного і зеленого лиса

Янушу Шуберу

кожному чути що кожен – хто там
угорі: парашут – янгол – літак
шарудить у соломі повітря – в пітьмі
алюмінієм крил як міль

личинкою вірша з ультрамарину
чорною перстю що породить стеблину
чорним лисом притягує сни
і облизує їх язиком масним

сподіванням: що там відслонять заслону
пурпуровій діві в червоній короні
яка вбрана у шурхіт шовків
– жарівкою світить із пелюстків –

бо у шлунку її ріпавий джаз
висмоктує музику – і тоді жаль
флейту і звуків небесних флот
збите дихання – розчепірений рот

ті що голкою зшиють шовки і парчу
се кравці життя що шиють свічу
залишаючи слід білий як пух
що впаде дощем на зелений луг

але інші кравці роздирають шви
витинають свічки з паперу трави
і ніхто не певен що його парашут
не підточить міль – і не змінять маршрут

тому час тече мов ріка без риб
сі слова зі слів – корабельний рип –
тому хто летить й зачиняє зміст
завжди янгол він і зелений лис

About The Flight of an Angel and a Black and a Green Fox

To Janusz Szuber

everyone hears that every thing – whatever is
up there: parachute – angel – airplane
rustles in the straw of the air – in darkness
with the aluminum of wings like a moth

with the larva of verse out of ultramarine
with the black soil that gives birth to grass
like a black fox it drags in the dreams
and licks them up with its greasy tongue

with the hope: that there they'll unveil the curtain
for the purple maiden in a red crown
who dressed in the rustle of silks
 – shines like a light bulb made of petals –

for in her stomach rough jazz
sucks out the music – and then pity
for the flute and the sounds of heavenly fleets
enfeebled breath – wide open mouth

those who with a needle sew together silk and brocade
are the tailors of life who sew a large candle
leaving behind a trace as white as down
which will rain down on the green meadow

but other tailors tear open the seams
they cut candles out of the paper of grass
and no one is sure that his parachute
won't be damaged by moths – thus changing his course

thus time flows like a river without fish
these words made of words – the creak of a ship –
therefore he who flies and sums up the crux
he's always an angel and a green fox

Astor Place

хтось
розмальовуючи вуличний ліхтар
уважає що цим порятує світ
– що майже божевілля –

бо:
навпроти активісти комуністичної партії Америки
які також вважають що вони рятують світ –
але рятуючи не погано ще й заробити тому продають 1 пр. газети за 1 долар
готуються до революції – бо революцію 1917 року
вивчили з книжок університетських професорів
які дещо прибрехали

зарослі анархісти з портретами Че Ґевари на футболках –
– молодий Че димить кубинською сигарою –
цілком анархічно роздають листівки перехожим
як вони кажуть – ластівки надії –

групка панків чи то металістів
повсідалися біля рухомого пам'ятника кубові
(не плутати з кубізмом)
і ловлять ритм легкої музики
скрипки та саксофона

а ось борці за права тварин –
далі сидять студенти кінематографічної школи й фільмують
будинок із рекламою музичного видавництва «Carl Fischer. Since 1872»
– яке давно переїхало в інше місто
але залишило свій фірмовий знак
який не змили дощі
й не замалювали безробітні нелеґали

музика єдина музика порятує світ
але чому більше виконавців
аніж слухачів – порожніх капелюхів у музик
і товстіших гаманців у перехожих
 – музика витончує смак –
 – і доводить до повного отупіння –

ох як ритмічно
гатить по алюмінієвих баняках
усміхнений білозубий хлопець з околиць Гарлему

Hi, baby – він вітається зі студенткою New York University
і ще ритмішніше жонглює паличками –
ще білозубіше усміхається – наче викинутий на берег кит –
ще зміїніше вигинає своє натреноване лискуче тіло
Hi, baby – з цього він починає творити текст імпровізованої пісні
коли жили на його шиї стають грубими як корабельні канати –
а очі нагадують випуклі баньки полінезійської черепахи
Hi, baby – і погладжує пошерхле тіло пластикового відра

о ні – він не самотній – цей вуличний художник –
 – цей маляр сповпів –
чого йому не вистачає щоби купити полотно –
чи він насправді бажає розмалювати
околицю East Village

його розквітлі стовбури ліхтарів

знайомі гасла американських комуністів

анархісти що вишуковують гармонію
у вченнях своїх попередників

музичне видавництво «Carl Fischer. Since 1872»
яке залишило музик без нот і партитур

і найбезпечніший хлопець
з околиць Гарлему із своїм гітом
        Hi, baby

пускаючи – наче нафту –
зміїну отруту своїх слів –
цвіркаючи слиною крізь рідкі зуби –
        Hi, baby

на тлі 20-ти портетів Andy Warhol'а
і великого фота Marilyn Monroe
(коли вітер підвіває її біле плаття) –
а інтелектуальні окуляри Arthur'а Miller'а – як дві площини кону –
моделюють цю виставу
в якої немає драматурга і немає режисера

от і експериментальний театр La Mama:
що кожного нового сезону обіцяє зачинитися

назавжди
через борги

розпочав ремонт своїх репетиційних приміщень

в якому або *бурятські бубни* або *ружевичеві парадокси*
збирають публіку як музики у підземних переходах
і прибутків від розпроданих квитків
вистарчить хіба що на сабвей
додому

Astor Place

someone
by painting all over a lamppost on the street
believes that this way he'll save the world
– which borders on insanity –

because:
across the street activists from the Communist party of America
who too believe they are saving the world –
but while saving it don't mind making some money so they sell their paper for 1
dollar per copy
are preparing for revolution – because the revolution of 1917
they've studied from books by university professors
who dissembled a bit

bearded anarchists with portraits of Che Guevara on their T-shirts –
– young Che sending up smoke from his Cuban cigar –
quite anarchically distribute leaflets to passers-by
as they say – swallows of hope -

a group of characters maybe they're heavy-metal rockers
made themselves comfortable by the movable statue of a cube

(not to be confused with cubism)
and are catching the rhythm of light music
of violin and saxophone

and here are the animal-rights advocates –
farther on sit students from a cinematography school filming
a building with the advertisement of the music publishing house "Carl Fisher.
Since 1872"
which long ago moved to a different town
but left behind its company sign
which was not washed away by rains
nor painted over by unemployed illegal aliens

music only music will save the world
but why are there more performers
than listeners – more empty hats of musicians
and fatter wallets of passers-by
– music refines the taste –
– and leads to complete stupor –

oh how rhythmically
this smiling white-toothed kid from Harlem
is whacking away at his aluminum kettledrums

Hi, baby – he greets a New York University coed
and even more rhythmically juggles his sticks –
flashing an even whiter toothier smile – like a beached whale

even more snake-like he arches his athletic glistening body
Hi, baby – from this he starts to create the text of an improvised song
when the veins on his neck grow as thick as nautical cables –
and his eyes resemble the goggle eyes of a Polynesian tortoise
Hi, baby – and he strokes the rough body of his plastic bucket

oh no – he's not alone – this street artist
 – this painter of lampposts –
why can't he afford to buy canvas –
does he really wish to cover with paint
all of East Village

his lampposts in full bloom

familiar slogans of American communists

anarchists who search out harmony
in the teachings of their predecessors

the music publishers "Carl Fisher. Since 1872"
who left musicians without sheet music and scores

and this carefree kid
from Harlem with his hit
Hi, baby

letting loose – like crude oil –
the snake - like poison of his words –
spitting saliva through his thin teeth –
Hi, baby

against the background of 20 portraits of Andy Warhol
and a large photo of Marilyn Monroe
(with the wind blowing up her white dress) -
where the intellectual glasses of Arthur Miller – like two platform of a stage –

are modeling this show
which has no playwright and no director

look how the experimental theater La Mama:
which every new season promises to close
forever
because of debts

has started repairs on its place of rehearsals

in which either *Buriat drums* or *Różewicz paradoxes*
attract audiences as do the musicians in underground passages

and the income from ticket sales
will suffice at most for a subway ride
home

SS Brandenburg 1913 рік

Корабель *SS Brandenburg* вирушає у плавання 1913 року з Бремена – на борту 944 пасажири –
зі списку пасажирів видно що майже уся Европа пливе до Америки
пливуть росіяни – євреї – серби – хорвати – литовці – угорці –
і рутенці – сиріч українці – з Галичини громадяни Австро-Угорщини
Може це була мітологічна Европа яка рятувалася на бикові
що називався *SS Brandenburg*?

Корабель пливе до Філадельфії

Серед пасажирів є дві молодесенькі дівчини:
Махно Єва 18 років неодружена
місце зупинки в Америці – Дітройт
та *Зєнь Анастасія* 18 років неодружена місце остаточної зупинки –
Філадельфія,
обидві з села Дубно що неподалік Лєжайська.

З того села походить мій батько
знаю що родини Махнів і Зєнів були у близькому породичанні

Можу тільки здогадуватись як вони виїжджали з Дубна – мабуть до Кракова
–
а звідти залізницею до Бремена
може до Кракова вони доїхали кіньми

У Бремені ступивши на корабель – отримали найдешевші каюти –
і вперше – побачивши океан – були занепокоєні подорожжю

але молодість і магічне слово Америка додавали їм упевнености

та ще недвозначні погляди їхніх ровесників може Спілбергів може
Обрадовичів

переконували у тому що потрібно триматися осібно та ні з ким не
розмовляти
так – зрештою – їм наказували вдома

та різноплеменна Европа їла – сміялася – тужила – кохалася

діти ганяли роздивляючись Атлантику – чайок – альбатросів – океанічний
захід сонця

багатьох нудило і вони блювали

Минув перший тиждень мандрівки
помалу оговталися
перезнайомились і починали оповідати хто куди їде до кого і якою є
Америка в їхній уяві

Єва і Анастасія може зійшлися з поляками а може з євреями
з їхніх околиць бо ті два тижні національність не має жодного значення
усі вони пасажири *SS Brandenburg* і це їхній дім – земля – країна

Єву вподобав молодий серб
Анастасію – угорець

щовечора ці четверо молодих людей дихали солоним океанічним повітрям
і їхні поцілунки були також солоні

До Філадельфії *SS Brandenburg* щасливо доплив 3 травня 1913 року

усі пасажири обліпили поруччя на палубі видивляючись на берег

спочатку їх вишикували і перепускали згідно з документами
ретельно перевіряючи записи у пашпортах і корабельних списках
потім медики пересвідчувалися чи не привіз хтось із них якоїсь хвороби:
чоловіків і жінок роздягали оглядаючи їхні тіла

вперше молоді незаймані тіла Єви й Анастасії обмацували чужі руки та
свердлили чужі очі
дивною мовою про щось говорили і щось записували
скінчивши ці процедури їх випустили на берег

– як відомо – Єва їхала до Дітройту, а Анастасія залишалася у Філадельфії

серб і угорець зникли й дівчата з ними так і не попрощались

мовчки стояли Єва і Анастасія перед двірцем у Філадельфії

через 32 роки зникне українське село Дубно
ні воно залишиться на мапі як Dębno
але всіх українців за лічені години посадять у товарняки і вивезуть на Схід
у такий спосіб мій дідо по батьковій лінії приб'ється на Тернопільщину з
п'ятьма дітьми
їх поселять у найгіршу хату з вибитими вікнами саме грудневої пори

місцеві довго будуть сторонитися їх: діти будуть дражнити їхню говірку
—

а дорослі косо зиркати у їхніх бік – приблуди чого приїхали?

коли мій батько одружуватиметься з моєю мамою – місцевою з діда-
прадіда –
то родина матері довго сторонитиметься переселенця-зятя

1964 року мені вдасться народитися
щоби згодом описати подорож Єви й Анастасії кораблем
SS Brandenburg
уже в Нью-Йорку
додавши кілька скупих переказів родини по лінії батька

Єва Махно й Анастасія Зєнь мабуть уже померли
залишившись:
двома рядками у списку пасажирів корабля *SS Brandenburg*
двома чорними нитками латинських букв
двома чорними смужками диму
попелом і сіллю

зеленою золою цього вірша
важким зітханням споночілої Атлантики

SS Brandenburg Year 1913

The ship *SS Brandenburg* puts out
to sea in 1913 from Bremen –
on board are 944 passengers –
from their list one can see that practically all of Europe is sailing to America
there are Russians –Jews – Serbs – Croats – Lithuanians – Hungarians –
and Ruthenians – in other words Ukrainians – from Galicia citizens of Austria-
Hungary
Perhaps this was the mythological Europa saving herself on a bull
called *SS Brandenburg*?

The ship is sailing to Philadelphia

Among the passengers are two very young girls:
Eva Makhno 18 single
her destination in America – Detroit
and *Anastasia Zien* 18 single
her final destination – Philadelphia,
both from the village of Dubno which is near Leżajsk.

From that village came my father
I know that the Makhno and Zien families were closely related by marriage

I can only guess how they
departed from Dubno – probably to Krakow –
and from there by train to Bremen
perhaps to Krakow they traveled by horse-driven wagon

boarding the ship in Bremen –
they got the cheapest cabins –
and for the first time – having caught sight of the ocean – became concerned
about their journey

but their youth and the magic word America
added reassurance

and furthermore the unequivocal looks from
boys their age perhaps Spielbergs or Obradovićes
kept convincing them about the need
to keep to themselves and not talk to anyone
besides – that's how they were instructed back home

but multiethnic Europe ate – laughed – longed – loved
children chased about viewing the Atlantic –
seagulls – albatrosses – the ocean sunset

many got sick and vomited

The first week of the journey had passed
slowly they got acclimated
struck up acquaintances and started telling
who's going where and to whom and what America is like in their imagination

Eva and Anastasia perhaps got together with some Poles or perhaps Jews
from their area because for those two weeks
nationality is of no significance
they are all passengers of *SS Brandenburg* and this is their home-land-country

a young Serb took a liking to Eva
a Hungarian – to Anastasia

every evening these four young people
inhaled the salty ocean air
and their kisses were salty as well

In Philadelphia *SS Brandenburg* arrived happily on May 3, 1913
all passengers crowded the railing on deck
gazing in wonder at the shore

first they were arranged in formation and allowed to pass showing their documents
carefully checking their records in
passports and ship registers
then the medics made sure that
none of them had brought any disease;
they undressed men and women examining their bodies

for the first time the young virginal bodies of Eva and
Anastasia were felt by strange hands
and pierced by strange eyes
in a strange tongue they were talking about something and writing something down
having finished these procedures they let them go ashore

- as is known – Eva was Bound for Detroit,
while Anastasia remained in Philadelphia

the Serb and the Hungarian had vanished and the girls never managed to say
good-bye to them

silently Eva and Anastasia stood in front
of the train station in Philadelphia

in 32 years the Ukrainian village of Dubno will disappear
no it will remain on the map as Dębno
but all of its Ukrainians will be loaded in a matter of hours onto a freight train
and transported East
this is how my grandfather on my father's side
will get to Ternopil region with five children
there they will be settled in the worst house with broken windows in the midst of
December

for a long time local people would avoid them: children would make fun of their
dialect –
grownups would glance askance in their direction – intruders why did you come
here?

after my father married my
mother – a girl with local roots –
mother's family would long shun their immigrant son-in-law

In 1964 I will have the good fortune to be born
in order to describe later the journey of Eva and Anastasia on the ship

SS Brandenburg
already in New York
adding bits of oral tradition from the family on my father's side

Eva Makhno and Anastasia Zien are probably dead by now

having remained as:
two lines on the passenger list of the ship *SS Brandenburg*
two black threads of Latin letters
two black puffs of smoke
ash and salt

the green ashes of this poem
the heavy sighs of the Atlantic at night

Federico Garcia Lorca

Хто вилизує теплий жовток місяця
хто пише про короля Гарлему
забувши принца Гамлета
хто заповідає зеленим деревам
їх зелену смерть

і тремтливим словам
їх смерть
тремтливу?

місто яке він пив - мов вино -
витекло крізь діряві отвори його жил
дрантливий папір
всмоктав чорнило - не залишаючи написаних слів -
усі флейти своїми
металевими кишками
переварили повітря на нікчемні звуки
а з картин Далі повирізували шлуночки серця

однак він міг оповідати усім про місто в якому
хірургічне втручання поета
необхідне
як пожежникам
потрібно більше води
 - сечі у міхурах -
- слини у роті —

у його місті мешкали крокодили і повії —
зелені ігуани і хори афроамериканців
він доїжджав до Гарлема поїздом
і дивився на короля
який палив кубинські сиґари
і пускав колами дим наказуючи своїм підлеглим
не чіпати цього іноземця

він записував назви каварень і театрів
вчив напам'ять числа вулиць
носив альпійські гірські костюми
платив музùкам завжди більше аніж вони того заслуговували

і слухав джаз мов заворожений
коли саксофоніст
виціловуючи лебедину шию саксофона
виблискував золотими браслетами
і коштовними перснями

він слухав джаз у Cotton Club

У Гарлемі
під кінець 20-тих
джаз-клуби множились
наче повії і моряки
у портових містах

Federico Garcia Lorca

Who licks up the warm yolk of the moon
who writes about the king of Harlem
having forgotten prince Hamlet
who prophesies to green trees
their green death

and to trembling words
their trembling death?

the city he imbibed – like wine –
leaked out through the apertures of his porous veins
shoddy paper
sucked in the ink – obliterating the written words –
all the flutes with their
metallic intestines
contorted the air into awful sounds
and from Dali's paintings cut out the ventricles from the heart

he could however tell everyone stories about the city in which
surgical intrusion by a poet
is as indispensable as
plentiful water is for firemen
 - or urine is for bladders -
 - or saliva for a mouth –

in his city resided crocodiles and whores –
green iguanas and choruses of African-Americans
he commuted to Harlem by subway
and watched the king
who smoked Cuban cigars
and blew rings of smoke ordering his underlings
not to bother this foreigner

he recorded the names of coffee houses and theaters
memorized street numbers
wore Tyrolean attire
always paid musicians more than they deserved

and listened to jazz as if bewitched
when a saxophonist
smothering with kisses the swan-shaped neck of the saxophone
would flash his gold bracelets
and precious rings

he listened to jazz at the Cotton Club

In Harlem
towards the end of the 20's
jazz clubs were multiplying
like whores and sailors
in port cities

Поет, океан і риба

життя океаном пахне – рибою пахне поет що випробовує долю на дні
корабля життя – разом зі скелетом риби причепленим на стіні
та ще кількома листівками з кінця 60-их що колись залетіли у дім
поруч виделок і ложок – немитих склянок – CD

сумна перспектива втечі – тому поет користає з угідь –
руйнує своєю присутністю пейзаж – забуває що кількість літ
помножена на кількість харчів доводить марноту ловлення молі на кораблі
се набуває значення чину – а мовлення риби стає тягарем при столі

зрідка відвідує муза – сухоребра стара: лице – мов зім'ятий капшук –
інколи вони п'ють каву – він читає їй вірші – збиваючись з ритму об шум
океану – доводить що правило писати для всіх – не підтверджує аксіому:
що усім потрібні слова: що нагадують зебру – жирафу – кому

землю яка є землею – з нічого щось – із сумних існувань – тканина вірша
виткана з подиху слів – із блаженства небаченого – бо віриш
найменшому із предметів нагрітих за день – тулишся серцем й руками
бо не важливо що зберігає тепло мушля зелена чи камінь

в бляшанці вода для гоління – 15 рибин на шворці – мов
намисто – видзвонює на вітрах – і давно потрібно придбати замок
бо мораль упала до рівня нуля – про се свідчить не тільки преса
але й ціни на нерухомість і вірші місцевої поетеси

Poet, Ocean and Fish

life smells of the ocean - like fish smells the poet who tries his fate at the bottom
of the ship of life - together with the skeleton of a fish hanging on the wall
together with postcards from the end of the 60's that once flew into his house
alongside forks and spoons - unwashed glasses - CDs.

meager are the prospects of escape - so the poet makes do –
ruining the scenery with his presence - he forgets that the number of years
multiplied by the quantity of food proves the futility of trying to catch moths on a
ship
this assumes the meaning of acts - while the speech of the fish becomes a burden
at board

the muse visits rarely - she's old - skin and bones: her face - a crumpled pouch –
occasionally they drink coffee - he reads poems to her - the roar of the ocean
disrupting his rhythm - he proves that the rule of writing for everyone - does not
confirm the axiom:
that everyone needs words: that remind one of a zebra - a giraffe - a comma –

earth that is earth - something out of nothing - from the sadness of life - the fabric
of poetry
is woven - from the breath of words - from the sanctity of the unseen - because
you trust
the smallest of the objects warmed up in the day - you cling to it with your heart
and hands
for it is not important what keeps the warmth - a green shell or a stone

shaving water in a tin can - 15 fishes strung on a line – like
a necklace - ringing out in the wind - and it's long overdue to install a lock
for morality has fallen to zero - as demonstrated not only by the press
but also by the price of real estate and the verses of a local poetess

Буковський

цей старий у футболці і джинсах що сидить на вулиці
пильнуючи крам магазину "99 cents"
нагадує мені чарльза буковського:
таке ж порепане від вугрів лице -широкий рот – і поруч у паперовій торбинці
пляшка пива яку він час до часу засовує собі у рот
як саксофоніст мундштук

або як шлюха з роману буковського "Жінки" член ченоскі

але це тільки моє припущення

чарльз був звичайно крутіший
за цього старого

а може й ні

може цей старий теж випив цистрену водяри
перемахав дві сотні баб
перехворів усіма французькими хворобами
а тоді з союзу дав драла до америки

сів на велфер а також на стілець біля цього магазину
і отримує кілька сотень на місяць готівкою
не платячи податків
і не плачучи над своїм минулим і –звичайно - теперішнім

з дружиною він розлучився
дітей і онуків не бачив уже кілька років поспіль
А на хера?

Інколи його потішить молода нелегалка з його будинку
А що йому старому ще треба?
І що би він ще хотів? Він і сам не знає

Клянусь що він не читав чарльза буковського
А на хера?

Bukowski

this old man in his T-shirt and jeans who sits on the street
minding the goods of a "99 cents" store
reminds me of Charles Bukowski:
the same face pock-marked by acne - the wide mouth - and beside him in a paper bag
a bottle of beer which from time to time he shoves in his mouth
the way a sax player blows his mouthpiece
or a whore in Bukowski's novel "Women" blows Henry Chinaski

but this is only my supposition

Charles was of course more hip
than this oldster

and maybe not

perhaps this oldster too has drunk a vat of booze
screwed two hundred broads
survived all kinds of French diseases
and then took off from the Soviet Union for America

now he's living on welfare sitting on a stool by that store
and receives a few hundred a month in cash
without paying taxes
and without crying about his past and - of course - his present

separated from his wife
he has not seen his children and grandchildren for years
What the fuck for?

occasionally a young woman from his building - an illegal alien - may comfort him
and what more does an old man need?
what else could he possibly desire? Even he himself doesn't know

I swear he never read Charles Bukowski
What the fuck for?

Про фієсту

час – схоже – залежався у крамниці м'ясника
– відтятий язик бугая – який привезли минулого тижня
з півночі – з Чикаґо – з тих хрестоматійних боєнь 30-их
він лежить хрипливим голосом смерті – важким півторакілограмовим
голосом
видобутим м'ясарем із великого тіла тварини

його хотіли продати одній з латиноамериканських компаній
яка влаштовувала фієсти і скуповувала худобу в південних штатах
але фермер знайшов вигіднішого покупця
і бугаєві – який щороку покривав половину фермерського стада –
не судилося стати жертвою фієсти – бути пришпиленим – наче рідкісний
метелик – збожеволілим зоологом –
не судилося бути освистаним публікою на арені засипаного піском
латиноамериканського міста

в якому мешканці цілий рік готуються до свята:
чоловіки – покурюючи товсті сиґари з-під широких капелюхів
у чоботях зі скошеними обцасами – ліниво перекидаються словами
про фієсту – вважаючи що власне це і є чоловічою справою убивати бугаїв –
жінки та дівчата одягнуть яскраві спідниці – металеві прикраси
поїдуть до більшого міста купити дешеві парфуми і не звертатимуть увагу
на дурні балачки чоловіків під широким деревом – єдиним у їхній околиці –
а діти запасаються дрібничками на випадок приїзду іноземців
вони складають засушених черепах – видлубавши прив'яле м'ясо –
з якого зварили суп – а решту з'їли бездомні пси – черепахи користуються
особливим попитом

о гарячі ритми місцевої музики:
звуки наче лантухи з піском що кидають вам у спини
звуки наче голки кактусів що проколюють грубу одежу і шкіру
звуки наче гострий кетчуп яким поливають кожну страву

м'ясарі розчетвертували це свято

вони: випередили хлопця у розшитому золотом костюмі який – наче зоолог
– вправляється
у нанизуванні на спис бугаїв вагою – принаймні – з півтонни

вони: залишили чоловіків під деревом у безконечній розмові про фієсту якої
ніколи не буде

вони: образили жінок і дівчат які все-таки поїхали до більшого міста
– накупивши спідниць і прикрас – але ніколи їх не одягнуть

вони: залишили висушених черепах – поскладаних вавилонською вежею –
і дітлахів біля ситих приблудних псів

усе це можна згорнути у мішечку споминів як це робить подорожній із
сіллю
аби вистарчило на довше

A Fiesta

time - it seems - has lain dormant in this butcher shop
the cut off tongue of a bull - which they brought last week
from the north - from Chicago - from one of those storied slaughterhouses of the
30's
lies there with the hoarse voice of death –
with its heavy one-and-a-half kilo voice
removed by the butcher from the animal's big body

they wanted to sell him
to one of those Latin-American companies
which staged fiestas and bought up cattle in Southern states
but the farmer found a more profitable buyer
and the bull - which every year used to impregnate half of the farmer's herd –
was not fated to become victim of a fiesta –
to be pinned - like a rare butterfly - by a crazed zoologist –
was not fated to hear the whistles of a crowd on a sandy arena of a Latin-
American town

where the inhabitants prepare all year long for that holiday:
the men - smoking fat cigars under their sombreros
wearing cowboy boots - lazily exchange words
about the fiesta - believing that killing bulls is precisely a man's job –
women and girls donning bright skirts - cheap metal jewelry
will travel to a bigger town to buy cheap perfumes
and will pay no attention to the idle prattle of the men
under a large tree - the only one in the area –
while the children will stock up on trinkets
in case foreigners show up
they collect dried turtles - having scooped out the withered flesh –
which was used to make soup - the rest was eaten by homeless dogs –
turtles are in special demand

oh those hot rhythms of local music:
sounds like the sacks of sand they throw into your back
sounds like the cactus prickles that pierce thick clothing and skin
sounds like the spicy ketchup they pour on every dish

the butchers have quartered up this holiday

they: beat to it the boy in a gold-embroidered costume who –
like a zoologist – practices

stringing on his sword bulls weighing - at least - half a ton
they: left behind the men under the tree
in an endless conversation about a fiesta
that will never be

they: slighted the women and girls
who nevertheless traveled to the bigger town
to buy skirts and ornaments –
they will never wear

they: left behind the dried turtles –
stacked up like the Tower of Babel –
and the kids alongside well-fed stray dogs

all this can be wrapped in a little bag of memories
much as a wanderer does with salt
to make it last longer

На поетичному фестивалі

10 поетів
заявлені у програмі
читають вірші
для 10-х слухачів може для 100

звучить симфонія мов:
українська з еротичними зойками скрипки
пурхають лляні звуки арабської
бухають у грудях маршові ритми німецьких бубнів
стікає слиною джазовий тромбон англійської
гобой перемелює у свому животі еспанську вимову
ґалантний саксофон французької збуджує сексуальні марення майже
дозрілих дівчат

дириґента нема
й_оркестра трохи збивається з ритму

переклади – препогані
бо роблені поспіхом
організаторам
як завше бракує часу

ще 10 поетів які читатимуть завтра
слухають тих 10-х які читають сьогодні
і позіхають від втоми
думають про пиво про місцевих дівчат
про курс валюти
про кількох поетес які прибули на цей фестиваль
і з прикрістю відзначають що вік жіночої поезії
неухильно наближається до пенсійного
а про що може писати жінка після клімаксу?

на жаль молодих ахматових – сильвій плат – ан бландіану
на фестивалі ще не запрошують
очевидно чекають поки зістаріються
що ж у цьому є своя логіка

у країні де відбувається фестиваль
економічна криза
тому готелем бігають таргани
а в ресторанах підстаркуваті офіціянтки

не викликають особливих симпатій

поети даруюють поетам свої книжки
знаючи що ніхто їх ніколи не прочитає
бо не можна знати всі мови світу
тому цей ритуал нагадує
розмову глухих і сліпих
по зруйнуванні Вавилонської вежі

о, нарешті читає останній із сьогоднішньої програми

незабаром вечеря

і можна буде поговорити про поезію
на яку не ловиться риба місцевих слухачів
бо всі вони вирішують економічні проблеми
через мобільні телефони

зала щораз пустішає
бо хтось виходить на перекур
хтось попити пива
а хтось відпочити в готелі

чорна діра поезії

стискається від кількости віршів
щоби поглинути
– і це найсмішніше –
саму поезію

яка віднедавна обсуговує самих поетів
як підстаркуваті офіціянтки у ресторані
які давно не цікавлять мужчин

формула поезії
записується $10 + 10 = 0$

хоч як твердять математики нуль є чи не найчільнішим числом
в математичних обрахунках

і його чорна діра містить таку енергію
що здатна поглинути сама себе

як мітологічний дракон

який пожирає власного хвоста
і формою свого тіла творить магічне коло

з якого немає виходу

A Festival of Poetry

10 poets
listed in the program
recite their verses
before an audience of 10 perhaps 100

a symphony of languages resounds:
Ukrainian with its erotic shrieks of violin
the sounds of Arabic fluttering like linen cloth
the marching rhythms of German drums beating in your chest
the jazz trombone of English spitting out saliva
an oboe mincing in its belly the eloquence of Spanish
the gallant saxophone of French
arousing sexual desires in nearly nubile girls

there is no conductor
and the orchestra is at times off beat

the translations are hideous
for they were prepared in haste
the organizers as always are pressed for time

the other 10 poets who will read tomorrow
listen to those 10 who are reading today
they're yawning and fatigued
thinking about beer and local girls
about the exchange rate
about those few poetesses who came to this festival
and are sorry to note that the age of women's poetry
steadily approaches retirement age
and what can a woman write after menopause?

Regrettably they do not invite as yet to festivals
the young Akhmatovas - Sylvia Plaths - Ana Blandianas –
obviously waiting for them to grow older
which does have a logic of its own

in the country hosting this festival
there is an economic crisis
therefore the hotel is swarming with cockroaches
and the ageing waitresses in the restaurants
elicit no particular interest

poets donate their books to other poets
knowing that no one will ever read them all
for it's impossible to know all the languages of the world
therefore this ritual reminds one
of the conversation between the deaf and the blind
after the destruction of the Tower of Babel

oh, finally the last one on today's program is reading
soon we'll have supper

and a chance to talk about the kind of poetry
that offers no bait to the locals
because all of them are busy solving economic problems
via cell phones

the hall is gradually emptying
as some walk out for a smoke
others for a beer
still others to take a respite at the hotel

the black hole of poetry

is compressing from the number of verses
so as to swallow
- and this is the funniest of all –

the poetry itself
which lately has been serving only poets
just like those ageing waitresses in the restaurant
who have long ceased to be of interest to men

the formula of poetry
expresses that $10 + 10 = 0$
though according to mathematicians zero is likely the most important number
in mathematical calculations

and its black hole contains enough energy
to swallow itself

like the dragon of mythology
that devours its own tail
forming with the shape of its body a magic circle

from which there is no escape

Порада як краще записувати вірші

одне твоє око читає кирилицю
а інше – латинку
хтось записує вірші зліва на право –
Єгуда Аміхай писав з права наліво
золоті китайські поети понаписували у стовпчики:
ці кілька чорних зерен цинамону
не зайва приправа для кухні світової поезії

але незалежно від часу (в якому жили)
– способу писання –
абетки (якою користувались)
 – усі любили: вино і жінок – пасма гір –
смажену рибу – салат з червоного перцю
 – витрачати гроші і не повертати борги –
усі були ловцями звуків
– великими дітлахами з сітками для ловлення риби і метеликів –
або кінчиними алкоголіками
безнадійними наркоманами
сексуальними збоченцями –
нарцисами – одісеями - орфеями

одні писали пером
– інші різали собі жили -і вмокали в загуслу
від алкоголю та наркотиків кров
 - циганську голку –
хоботок сонної бджоли
 – однак не залежно від рідини яка засихала
на папері чи манжеті рукава – у будь- який спосіб записана
поезія ставала кольором і звуком
послідом – блювотиною
і сукровицею

інколи
з якогось іншого простору
падає конаюча бджола
на підвіконня твого дому;
і поки – лежачи на спині – вона розгрібає в'язке осіннє повітря
ти відречешся від усіх порад як записувати вірші
бо дивлячись: як лаштуються яхти покидати цю бухту
і - як моряки - прощаються зі своїми тимчасовими коханками
і - як розпливається мазут униз головою – як мрець – по воді

і - як тисячі саксофонів - знаками запитань - переварюють у своїх шлунках
зелений послід музики
і – як найтоншою струною скрипки пробігає електричний струм
який спопеляє найменший опір фальшивої ноти
ти знаєш:
що іти цією кладкою
яку виклав повний місяць
на парчевому тілі води
небезпечно

і тому будь-яка порада виявиться недоречною

здається хтось це уже пробував

Advice on How Best to Write Poetry

one of your eyes reads Cyrillic letters
the other - Latin alphabet
some write verses from left to right –
Yehuda Amichai wrote from right to left
the golden Chinese poets wrote many works in columns:
these few black kernels of cinnamon
just the right spice for the cookery of world poetry

but regardless of the time (in which they lived)
or their method of writing –
or the alphabet (they used)
they all loved: wine and women - mountain ranges –
fried fish - salad of red peppers
wasting money and welshing on their debts –
they all hunted for sounds
like grown kids with nets for catching fish and butterflies –
or like terminal alcoholics
hopeless drug addicts
sexual perverts –
heirs to Narcissus - Odyssey – Orpheus

some wrote with a pen
others cut their veins - and dipped into the blood
thickened by alcohol and drugs
- a fat needle –
the proboscis of a somnolent bee
but regardless of the liquid drying
on the paper or the cuff of a sleeve –
the poetry recorded by any method
became color and sound
excrement – vomit
and sanies

now and then
a dying bee
may fall onto your window sill
from some other space;
and while - lying on its back - it is flailing away at the viscous autumn air
you'll renounce all advice on how to write poetry
for when you watch: how yachts prepare to leave this bay
and - how sailors - say goodbye to their temporary lovers

and - how tar disappears head down - like a corpse - in water
and - how thousands of saxophones - like question marks –
digest in their stomachs the green droppings of music
and - how the electric current passing through the thinnest string of a violin
reduces to ashes the slightest resistance of a false note
you know:
that it is dangerous to tread this footbridge
laid out by a full moon
on the brocaded body of water

and therefore any kind of advice will prove to be useless
seems to me someone has tried this before

Авіаційна відповідь Юрію Андруховичу

Авіаторами не народжуються - але поетами?
пригадуєш фільм Довженка "Аероград"
чи "Aviator" (director Martin Scorsese)
льотчики-нальотчики
і *первым делом первым делом самолеты*

скинувши кілька бомб на Нью-Йорк -
у вірші "Bombing New York City"
ти так і не отримав відповіді:
ні від Poetry Society of America
ні від American Air Force
чому вони цього не помітили
цього нового Перл-Гарбор

а мій Нью-Йорк
назавжди залишився з руїнами
серед яких бігають пискливі пацюки
і нипають голодні пси
а присипані азбестом пожежники
вкотре розгрібають
руїни
що ж - це їхнє постійне заняття -
розгрібати руїни
хай поетичні

моя ескадрилья піднімається
з військової бази десь в штаті Невада
кілька літаків для спецзавдання
зі спеціальними мапами

наземні служби доповідають
що усе в порядку

наше завдання розбомбити Івано-Франківськ

якась плутанина з містом що колись називалось *Станиславів*
але у нас нові мапи і у нас позначено *Івано-Франківськ*
тільки б не помилитись з тими Іванами...
Іване-Пусте - ні це щось інше

ми летимо уже кілька годин

десь над Атлантикою змінюємо курс

щоби заплутати українську ППО
радари нас не пеленгують
бо крила наших літаків покриті особливою фарбою

чергові ППО сплять або перекурують на бойовому чергуванні
йоб твою мать каже прапорщик до сержанта якому залишилось кілька
місяців до дємбельського приказу міністра оборони
і штовхає його в спину щоби той засів за радари

сержант думає *ну і сука цей прапорщик - треба трахнути його жінку
шоб не вимахувався*

у той час ми перетинаємо повітряний простір України
на висоті 11 тисяч метрів

потяг76 саме вирушив до Чернівців
але він уже ніколи не доїде до пункту призначення

Ukraine? перепитує мене весело генерал Джон Ешбері
Of course, Sir – пітверджую

приготуватись хлопці, зараз почнеться -
каже Джон

я згадую що моя мама вчилася у Івано-Франківську
при кінці 60-тих
і я разом із нею тоді відвідував краєзнавчий музей
але навіщо я це згадую?

ніякі сентименти не повинні
відволікати мене - авіатора ексадрильї-
якою командує генерал Джон Ешбері

перший борт доповідає що знищено краєзнавчий музей
другий - що знищено університет, бібліотеку,
третій – видавництво " Лілея", кав'ярню "Химера"
далі – потяг76
даремно буде очікувати його прибуття у Чернівцях Бойченко

а заслинені севастопольські антинатівці
вкоте будуть праві
що тих *янкі* треба боятися

знищено залізницю вокзал телеграф і банки
доповідає п'ятий борт

йоб твою мать думає прапощик *та шо там відбувається?*
бо на його радарі фіксуються вдало запущені
нами ракети і бомби

сержант а ну метнись до чергового по частині
шо ж там відбувається?

прибігає сержант
війна – напали американці

прапорщик:
без оголошення...

сержант:
без...

прапорщик:
а може москалі?

сержант:
янкі

Генерал Джон Ешбері: *OK guys, come back, come back, come...*

п'ять наших бомбардувальників розвертаючись
прямують до Америки
з почуттям виконаного обов'язку

я вимикаю комп'ютерну гру
American Air Force

перед тим посадивши
останній із п'яти бомбардувальників

Вибач, але хтось мусить захистити
мій Нью-Йорк

An Aviation Response to Yuri Andrukhovych

Pilots aren't born – but what about poets?
remember Dovzhenko's film "Aerohrad"
or "Aviator" directed by Martin Scorsese
pilots-raiders
and first of all first of all the airplanes *

having dropped a few bombs on New York
in your poem "Bombing New York City"
you never did get a response:
not from the Poetry Society of America
nor from the American Air Force
as to why they had failed to notice
this new Pearl Harbor

but my New York
is stuck forever with those ruins
where squealing rats scurry about
and hungry dogs scavenge for food
asbestos-covered firemen
dig up the ruins
again and again
well- this is their permanent occupation –
to excavate the ruins
albeit those of poetry

my squadron lifts off
from an Air Force base somewhere in the state of Nevada
a few planes on a special assignment
with special maps

ground crews report
that all's in order

our objective is to bomb *Ivano-Frankivsk*

there's some confusion about this city once called *Stanislaviv*
but we have new maps and *Ivano-Frankivsk* is marked there
just to make sure there's no mistake with those Ivans…
Ivane-Puste – no that's something else

we have been flying now for a few hours
somewhere over the Atlantic we change course

so as to confuse the Ukrainian air defenses
to radar we're invisible
thanks to a special coating on the wings of our planes

Ukrainian AA crews are combat-ready taking turns between naps and smokes
fuck you says the ensign to his sergeant who has only
a few months left before retirement
and pokes him in the back to make him man the radar

what a son of a bitch this ensign thinks the sergeant – *I ought to bang his wife*
to put him in his place

at that time we are crossing the airspace of Ukraine
at an altitude of 11 thousand meters

train76 has just pulled out for Chernivtsi
but it will never reach its destination

Ukraine? General John Ashbery asks me cheerfully
Of course, Sir – I confirm

get ready guys, we attack soon -
says John

I reminisce how my mother used to study in Ivano-Frankivsk
towards the end of the 60s
how together we would visit the museum of natural history
but why am I reminiscing about it?

no sentiments should
distract me – an aviator in the squadron –
commanded by general John Ashbery

the first bomber reports the destruction of the museum of natural history
the second bomber – of the university and the library
the third – of the "Lilea" publishing house, of the café "Khymera"
and then –train76
in vain will Boychenko await its arrival in Chernivtsi
and the rabid anti-NATO activists of Sevastopol
will be proven right again
that those *Yankees* should be feared

the train station telegraph and banks have been destroyed
reports bomber number five

oh shit thinks the ensign *what the hell is going on there?*

for his radar screen is showing the rockets and bombs
launched by us with precision

sergeant why don't you go and check with the duty officer

as to what's going on?

the sergeant returns running;
it's war – the Americans have attacked

ensign:
without declaration...

sergeant:
without...

ensign:
but maybe it's the Russians?

sergeant:
Yankees

General John Ashbery: *OK guys, come back, come back, come ...*

our five bombers turn around
heading for America
with a feeling of duty fulfilled

I switch off the computer game
American Air Force

having first landed
the last of the five bombers

Sorry, but somebody has to defend
my New York

* A Russian song

Нью-Орлеанс

що ж прихід зими може нас спантеличити – він
а це значить вона – шукає виходу –з-поміж стін
джазу – на Rue Bourbon - музики і музик -
в білих футболках – нью-орленський стиль
значить - зиму потрібно і тут знайти
значить - слово засипле горло – і закам'яніє язик

це триває не довше – аніж джаз чи посинілий блюз
пасинків і синів і просто братви– мінус зміни на плюс
армстронг несе під пахою трубу – луї чи луїс –
він знаходить вулицю і ліхтар – зупинився - протирає мундштук
і продуває трубу – мацає язиком звук
і стає деревом - і його закриває ліс

слів – пісні "Let My People Go" - як слина з труби -
каналізація музики - її запасний вихід – підступи
старості й смерті музики – інші оркестри на Rue Bourbon
зійдуться відіграти джаз і повільний блюз - старі
й постарілі - їхня музика сушиться мов сухарі
й кришиться у кишенях – і її розсипає бог

він також у дрібницях – вулицях – ліхтарях - у міцних руках луїса
у цих зимових звуках що схожі на зерна рису
в довгих рядках – коротких – і в тому що вже зима
пальмовим віттям схилилась на невільників у єгипті
і пісня - в якій вони звуками джазу залиті –
затоплює французьких квартал – і спасіння нема

значить і ти постарів –значить зима - і сидиш в ресторані сам
пива ковтнув - кілька студенток в міні – творять і джаз і сад
їхні тіла і музика- запах солений –океанічна сіль
вже і армстронг зібрався додому – миє трубі кишки
вже і народ з єгипту вийшов і сушить мішки
і студентки розрахувались - і побігли ловити таксі

New Orleans

here the arrival of winter can be baffling –
meaning that it seeks an escape - from inside the walls
of jazz - on Rue Bourbon - of music and musicians –
in white T-shirts - New Orleans style
meaning - that here too the winter must be discovered
meaning - that words will cram into one's throat - and petrify the tongue

this lasts no longer - than the jazz or the livid blues
performed by the stepsons and sons and simply brothers - change the minus to a
plus
carrying a trumpet tightly under his arm Armstrong - is it Louie or Louis –
finds his street and lamppost - stops - wipes his mouthpiece
and blows through the trumpet - testing the sound with his tongue –
and becomes a tree - and is shrouded by the forest

of the words - of the song "Let My People Go" - like saliva from the trumpet –
music is draining - through its emergency exit - the insidious
aging and death of music - other bands on Rue Bourbon
will congregate to play jazz and sluggish blues - the old
and the aging - their music drying up like crackers
crumbling inside pockets - and is scattered by God

He is also revealed in the details- in the streets - and lanterns - in the strong hands
of Louis
in these wintry sounds that resemble grains of rice
in verses long - and short - in that the winter
with its palm branches has already stooped over the slaves in Egypt
and the song - which has flooded them with the sounds of jazz –
is submerging the French Quarter - and there is no salvation

this means that you too have aged - that winter is here - and you sit in a bar alone
sipping beer - a few coeds in miniskirts - their figures and the music –
creating an orchard brimming with jazz - there's the salty smell of the ocean
already Armstrong is preparing to go - he washes the guts of his trumpet
already the people have left Egypt and are drying their sacks
and the coeds have settled their bills - and rushed off to catch a cab

Бруклінська елегія

щоранку пекарні єврейські відчиняють з пітьми
перше що добігає – схожий на прудкість лисиць –
запах цинамону – розтертих із цукром яєць –
до цегляних синагог – і це є початком зими
бо тісто пахне сосною і зірваний вчора жасмин
разом із часником і цибулею сигналить тобі з полиць

од сьомої починається лящання металевих замків
іржання сабвею – перегуки вуличних продавців –
вантажники носять фрукти залежно від попиту й цін
і кавуни смугасті схожі на тигрів з боків
а гарбузи галувинські – на голівудських дів
вантажники мексиканці – на олімпійських борців

а школярі підскакують: ось – жовтий шкільний автобус
стара підмітає вулицю – смердить дешевий тютюн
бруклін вовтузиться зранку – скаржачись на самоту
на драконячу ненажерливість і на свою хворобу
на металевий міст, що вигнувся наче хобот
на це муравлище люду що знищить колись сатурн

хасиди – мов чорна смородина – обліпили гілля синагог
вони виноград арамейський – уманська глина і клей
дратва якою зшиває темні слова юдей
накинувши талес на голову – йому щось шепоче бог
і діти його щебечуть – мов райські пташки – бо
виспівує йому бруклін хлібом і рипом дверей

кожним коліном юдейським – рядком що теплий як сир
геометрією кабали – камінням єрусалиму
співом жінок в пекарні які наковтались диму
калаталом перед суботою – і молоком від кози
християнин – до пекарні; до синагоги – хасид
і – зголоднівши бруклін – ковтає слину

Brooklyn Elegy

each morning the Jewish bakeries open up out of the darkness
first to reach the brick synagogues - with the swiftness of foxes -
is the scent of cinnamon - eggs beaten with sugar -
and this is how winters begin
for the dough smells of pine and the freshly picked jasmine
blended with garlic and onions beckons to you from the shelves

at seven starts the clanging of metal locks
the screeching of the subway - the shouting of street vendors -
they unload fruit according to demand and prices
striped melons that look like tigers on their sides
Halloween pumpkins - like Hollywood dames
the Mexican unloaders - like Olympic wrestlers

school children jump up and down - their yellow school bus is here
an old woman sweeps the street - the stench of cheap tobacco fills the air
Brooklyn bustles in the morning - griping about being forlorn
about the draconic greediness and its own ailment
about the metal bridge arching like the trunk of an elephant
about this human ant hill that some day will be sacked by Saturn

the Hasids - like black currants - have covered the branches of the synagogues
they're the Aramaic grapes - the clay and glue of Uman*
the shoemaker's thread used to stitch together obscure words by a Hebrew man
with a tallith on his head - God whispers to him His advice -
and his children chirp - like birds of paradise -
Brooklyn sings to him with bread and the creaking of doors

with every Hebrew generation - each line of print as warm as cheese
with the geometry of the cabala - with the stones of Jerusalem
with the song of the women in the bakery who've inhaled enough smoke
with a clapper rattling before the sabbath - and the milk of a goat
a Christian - heads to a bakery; a Hasid - to a synagogue
and - Brooklyn feeling hungry - swallows its saliva

*Uman is a city in central Ukraine, considered by the Hasidim to be a sacred
place because resting there is the grave of Rabbi Nachman, to which religious
pilgrimages are made.

Балада про 8 віршів

вислів німецького поета Ґоттфріда Бенна:
про те що після кожного поета залишиться – і то за найсприятливіших умов
– лише 8 віршів –

знеохочує до писання
коли під ранок у нагрітому комп'ютері на білому прапорі футбольного поля
світиться однооке мруґаюче стерво курсору – одинокого гравця – твого vis-
à-vis
хапаєш колюче нью-йоркське повітря і думаєш: може цей Бенн – ідіот
який на старості вихлюпнув свою жовч на поезію і поетів
пам'ятаючи тільки *щасливе щуряче дитинство*

8 віршів ти вже написав

шепнули якось: що ти написав більше аніж 8 віршів

можна перепочити ?

але чому немає впевненості навіть у тих восьми ?

A Ballad About 8 Poems

the assertion by German poet Gottfried Benn:
that every poet leaves behind – even under most favorable circumstances – only 8
poems –

discourages writing
when by morning on your overheated computer on the white flag of the soccer
field
what remains lit is the lousy one-eyed blinking cursor – the only player – your
vis-à-vis
you grasp for the prickly New York air and you think: maybe this Benn is an idiot
who in his old age spilled out his gall against poetry and poets
remembering only the *fine childhood of rats* *

8 poems you have written already

not long ago they whispered: that you have written more than 8 poems

perhaps it's time to rest for a while?

but why is there no assurance even about those eight?

*Refence to Gottfried Benn's poem "Schöne Jugend" ("A Fine Childhood")

Charlottenburg

Сюзен Кітулі

В цьому місті кав'ярні порозсипувані – наче кавові зерна –
Запах сухої осені. І африканські вірші поетки з Уґанди
вони про жінок і свободу – отже ніякої пропаганди –
тільки рухлива мова, що сторожка наче серна,
Видумує Сюзен про воду - що риби летять в озера
в них плавники як арфи і крила-гіганти

Однак німецькі вулиці звикли до цих військових
парадів: велосипедних маршів – берлінського маратону
й моє відчуття безчасся – й безнастанності в тому
що окрім прочитаних віршів - є кілька речей додаткових:
ще ненаписані вірші – і усвідомлення мови
котра - як маяк - показує напрям води і дому.

В цьому місті усе не так – починаючи від бетону стіни
й двох вождів що взасос цілуються - як голубі.
Джазисти як мокрі кури – тут джаз помирає в трубі
у страваході музики – сіпнувшись м'язом спини
ударом по барабану – Від чого вривається нить
усвідомлення теми музики Лохи – переважно - тупі

Поділ міста забувся - тепер всі святкують возз'єднання
Дембель радянської армії в парадці захищає Берлін -
горобців які пролітають над бетоном зруйнованих стін
уособлюючи собою бойових дух і військові з'єднання
й емігрантів з Союзу – котрі як весільне придане –
не знати чи знадобиться – тому й заховали під стіл.

Знаєш, в Шарлоттенбурзі завше крутилась богема:
тепер стипендисти DAAD'у – й продавці російського хутра
в еротичнім музеї – стимулятори і Кама-Сутра –
в газетах – скандали і вічна тривожна тема
про ціни на нафту і золото – і про французькі креми
які рекламує в «Шпігелі» чергова лахудра

російська присутність залишилась – музики та олігархи
табличка Цвєтаєвої In diesem Haus… die Rusische Dichterin
Нас же цікавить праця «Сутність поезії та Гельдерін»
котра говорить про мову – і кожен уже затрахав –
цитуючи її слово в слово – й зникають неначе шахи
бокали з вином червоним - а також зелений дрінк

із шахівниці часу. Сюзен вправляє з англійською
зелену рослинність савану й строфіку середньовіччя
Різдво під пальмами що святкують у грудні/січні
навернуті християни в спасіння Господнє військо
пострілюючи двадцять років тому то вже зовсім близько:
революцій небесне царство і з автоматами вічність

колоніальна залежність як докторати з Англії
або призвичаєння тіла до заштриків від малярії
африканською піснею й танцем славлять дитя Марії
молячись до чорних святих й до чорних ангелів
вдаючись до слів ворожби і до чорної магії
і йдучи за біблійними текстами вслід Месії

знаєш осінній Берлін не схожий на рибячі зябра
ні на риб що летять в озера які ти зловила у вершу
так як остання строфа не схожа ніяк на першу
так як свічка посаджена в діаметер канделябра
що означає - затиснута у металеві обійми – лярва
виламується як танцівниця полум'ям спершу

знаєш Берлін не схожий на Рим чи біблійну рибу
чи вічне це місто? чи ми тимчасові у ньому?
але той хто пише вірші - повертається завше додому
буття – він слухає наче джаз – збиту дощами ринву
вишукуючи з-поміж слів одне - порівняння і риму -
забуваючи розділові знаки – найчастіше крапку і кому

Charlottenburg

To Susan Kiguli

In this city the coffee houses are scattered - like coffee beans -
The sweet smell of dry autumn. And the African verses of the poetess from Uganda
they're about women and freedom - hence no propaganda -
just lively language as agile as a deer
Susan's creations are about water - fish that fly into lakes
their fins like harps and their wings - gigantic

But German streets are accustomed to these military
parades: the bicycle processions - of the Berlin marathon
and my sense of timelessness - and of the continuity in that
aside from the verses already read - there exist some additional things:
the verses not yet written - and the awareness of the language
which - like a lighthouse - points in the direction of water and one's home

In this city nothing is as it should be - starting with the concrete walls
and the two leaders kissing passionately - like a couple of gays
The jazz players are like wet chickens - here he jazz dies in the pipe
in the music's esophagus - jerking with a back muscle
hitting a drum - which breaks the thread
of awareness of the musical theme. The fans are mostly dullards

The partition of the city is forgotten - now all celebrate the reunion
a demobilized Soviet soldier in his dress uniform protects Berlin -
and the sparrows that fly over the concrete of the ruined walls
embodying the fighting spirit and the military units
and the emigrants from the Soviet Union - who like wedding gifts -
may or may not be useful - and are therefore hidden beneath the table

You know, in Charlottenburg there was always Bohemian life:
now instead we have the DAAD* scholarship holders - and the Russian fur merchants
in the museum of eroticism - stimulators and Kama Sutra -
in the newspapers - scandals and the perennial scary subject
of the prices of oil and gold - and about the French creams
advertized in the "Spiegel" by one more hustler

The Russian presence has remained - musicians and oligarchs
the plaque for Tsvetayeva "In diesem Haus ... die Russische Dichterin"
But we're more interested in the work "Holderlin on the Essence of Poetry"
which talks about language - and everyone has already been screwed -
quoting it word for word - and the decanters with red wine -
as well as a green drink - are disappearing like chess pieces

from the chessboard of time. Susan handles in English
the green vegetation the savanna and the strophic art of the Middle Ages
Christmas under the palm trees celebrated in December/January
by the Christian converts to Lord's Resistance Army
who've been shooting for twenty years so that now we are very near:
to the heavenly kingdom of revolutions and an eternity with submachine guns

colonial dependence like the doctorates from England
or like getting the body used to malaria shots
with African song and dance they glorify Mary's child
praying to black saints and black angels
turning to words of sorcery and to black magic
and following the Messiah according to biblical texts

You know, Berlin in autumn is not like fish gills
nor like the fish that fly into lakes which you caught in your creel
just like the last stanza in no way resembles the first
just like a candle inserted into the cavity of a candelabrum
meaning - squeezed in a metal embrace - a whore
is first to break out with the flame as a dancer

You know, Berlin is not like Rome nor like the biblical fish
is this city eternal? are we temporary in it?
but he who writes poetry - always returns to the home
of existence - he listens as if to jazz - to a gutter battered by rains
seeking out among the words only one thing - simile and rhyme -
forgetting the punctuation marks - most often the period and the comma

DAAD - Deutscher Akademischer Austausch Dienst (German Academic
Exchange Service)*

Прощання з Бруклином

Я записую кілька слів у розбухлу книгу прощань
сидячи біля бухти овечої голови – п'ючи - між уривками - чай
і бруклинським чайкам кирилицю на серветці
залишу на пам'ять – вона їм...
але обопільна залежність – себто життя навзаєм
підтверджується прислів'ям: *де тонко - там рветься*

що їм - зрештою - до моїх европ – індій – авіаліній
відчіплених парусів з яхт – Світла розпорошеного в насінні
Поржавілого металу моїх же конструкцій
віршів – Блошиного ринку вживаних велосипедів
П'єси "Coney Island" записаної на касеті
Дами з собачкою – вірніше суки при сучці

Вони що пахнуть океаном і бухтою овечої голови
залітають найдальше до Флетбуш – минають сабвею рови
і ловлять потік повітря – в напрямку на коні айленд
рослаблюють крила вітрові на поталу
і долітають до бухти – наче концертну залу
заповнюють в білих смокінгах – Але

ресторанна музика глушить їх крик і королівський почет
Лабухи по російськи лабають до пізньої ночі
й підпилі коханці в затемнених мерседесах
втікають неначе на них влаштували погоню
Чайки осіли на яхтах – і їх вже ніхто не гонить
хіба що проспівана фраза *«ах мама моя одесса»*

Турецька чайна також зачиняється - власник дрімає
сьогодні клієнтів обмаль – Один ще чогось чекає
пише щось на серветці – креслить – скоріше б забрався
Російськомовні євреї справляють весілля
Заблудлий хасид під стіною – неначе месія –
затуляє собою напис *«тут були ваня і вася»*

Бруклин церков православних синагог і мечетей
бруклин китайців індусів – учень і вчитель
власнику чайни - здається - ввірвася терпець
він – посміхаючись - каже *right now I close*
і вимикає світло – що ж він на те є бос
з кухні виходять: дружина- двійко дітей - і пес

Я затискаю серветку - наче кронштейном - парус
як завжди підступна самотність приходить із віршем на пару
як завжди скриплять яхти - наче рубанком столяр –
і чайок вночі похитує важка тканина води
вдихаю солярки запах який мені зносить дим
чомусь в зеленому світлі як випраний доляр

Бруклин - це ломаний шеляг або поржавілий крейцер
Світло нічного потягу що мчить по сталевій рейці
і його наздогнати не можна - спіймати також не мож
він залишається в тобі *ванею зіною педро*
чайками над коні айленд – кирилицею напевно
котра на серветці схожа на посірілий мох

A Farewell to Brooklyn

in my bulging book of farewells I write down a few words
sitting near Sheepshead Bay – drinking tea – between the excerpts
and to Brooklyn seagulls I'll leave on a napkin
my Cyrillic writing as a memento – for them prepared…
but our mutual dependence – meaning the life we had shared
is confirmed by the adage: *a chain breaks at its weakest link*

besides – what do they care – about my Europes –Indias – airlines
the sails detached from yachts – the light scattered in the seed –
about the rusty metal in my own structures of verses –
a flea market of used bicycles
about the play "Coney Island" recorded on DVD
about "A Lady with a Dog" – more precisely a bitch with a bitch

they who smell of the ocean and of the bay of sheepsheads
fly at most as far as Flatbush – passing by the subway tracks
and catch the air stream – in the direction of Coney Island
falling prey to the wind they exhaust their wings
and arrive at the bay – as if filling a concert hall
in their white evening jackets – but

the restaurant music muffles their shrieks and royal retinue
musicians play Russian songs late into the night
and tipsy lovers inside their dimmed Mercedeses
slip away as if escaping pursuit
the gulls have settled on the yachts – no one pursues them any more
except perhaps for the refrain *"oh my mama Odessa"*

the Turkish tearoom is closing too - its owner napping
few customers today - just this one who's still lingering
he writes on a napkin - then crosses it out - I wish he'd disappear
as Russian Jews are celebrating a wedding ball
a lost Hasid - like a Messiah - stands by the wall
blocking with his body the graffiti *"Vanya and Vasya were here"*

O Brooklyn of Orthodox churches synagogues and mosques
O Brooklyn of the Chinese and Hindus - a disciple and a teacher
the tearoom proprietor - it seems - lost his patience
mockingly - he says - *right now I close*
and turns off the lights - after all he's the boss
his wife two kids and a dog come out of the kitchen

I squeeze the napkin like a sail with a bracket
as always wily loneliness and verse come paired
as always the yachts creak - like a carpenter's drawknife
and the heavy fabric of water rocks the seagulls at night
I inhale the smell of diesel fuel brought down to me by smoke
which shimmers in the green light like a washed dollar bill

Brooklyn is like a broken farthing or a rusty penny
like the light of a night train speeding on a steel rail
and it's impossible to overtake it – or to catch it
Brooklyn abides within you as *Vanya Zina Pedro*
as the seagulls on Coney island – as the Cyrillic writing
which on the napkin surely looks like grayish moss

Vasyl Makhno is a Ukrainian poet, essayist, translator and playwright. He is the author of seven collections of poetry: *Skhyma* (1993), *Caesar's Solitude* (1994), *The Book of Hills and Hours* (1996), *The Flipper of the Fish* (2002), *38 Poems about New York and Some Other Things* (2004), *Cornelia Street Café: New and Selected Poems* (2007), a book of essays *The Gertrude Stein Memorial Cultural and Recreation Park* (2006), and two plays *Coney Island* (2006) and *Bitch/Beach Generation* (2007). He has also translated Zbigniew Herbert's and Janusz Szuber's poetry from Polish into Ukrainian, and edited an anthology of young Ukrainian poets from the 1990's. The poems, essays and plays of Vasyl Makhno have been translated into Polish, English, German, Serbian, Romanian, Slovene, Russian, Lithuanian, Malayalam, Czech and Belorussian languages. In recent years in Poland were published two volumes of his selected poems *"Wędrowcy"* *("Wanderers")* (2003), *"34 wiersze o Nowym Jorku i nie tylko"* *("34 Poems About New York and Some Other Things")* (2005), and in Romania *"Fiecare obiect își are locul său"* *("Every Thing Has Its Place"*(2009).) Vasyl Makhno was a participant in many International Literary Festivals in Europe, America, and Asia. He has been living in New York since 2000.

Orest Popovych, the translator, is Professor-Emeritus at Brooklyn College of the City University of New York, and the President of the Shevchenko Scientific Society (USA), a scholarly institution dedicated primarily to the advancement of Ukrainian studies. He is the author of three books in English and one in Ukrainian as well as of several hundred articles in both languages on topics as wide-ranging as chemistry, sports history, chess as well scholarly and civic events within the Ukrainian-American community.